KB034357

박목월, 박두진 시에 나타난
孝思想

박목월, 박두진 시에 나타난
孝思想

인쇄일 | 2024년 01월 23일
발행일 | 2024년 01월 26일

지은이 | 김명수
펴낸곳 | 도서출판 시아북(詩芽Book)
출판등록 | 2018년 3월 30일
주소 | 대전광역시 동구 선화로214번길 21(3F)
전화 | (042) 477-8885, 254-9966
팩스 | (042) 367-2915
E- mail | siab9966@daum.net

값 15,000원
ISBN 979-11-91108-52-1(03190)

* 저자와의 협의에 의해 인지를 생략합니다.
* 잘못된 책은 바꿔드립니다.

박목월, 박두진 시에 나타난
孝思想

시아북
俟兩BOOK

시속에 나타난 현대적 효

효는 한마디로 부모님을 편안하게 행복하게 기쁘게 해드리는 일이다. 그러기 위해서는 몸도 마음도 부모님을 잘 봉양하는 것이 효의 도리임을 알아야 할 것이다. 따라서 이에 대한 효를 말한다면 양지의 효와 양구체의 효가 있다고 할 것이다.

현대가 지식정보화시대로 급속히 발전하면서 또한 복지 정책 역시 사회적으로 일반화 되어 가고 경제적으로는 많은 발전을 가져온 사회가 되었지만 그렇다고 정신적 문제까지 해결된 것은 아니라고 본다. 이는 인간이 갖고 있는 물질적 욕망이 다른 정신문화 창달과는 오히려 거리가 멀어졌기 때문이다. 그렇다고 이 사회가 효 사상의 필요성까지 멀어진 것은 아니다. 이 사회는 효 사상의 필요성을 인정하면서도 물질 중심적 사회가 효를 가까이하는 데 방해 요소가 되고 있기 때문에 효사상의 필요성을 강조하고자 한다. 이는 농경 사회보다 지금의 물질적 사회가 더 정신적 여유가 없어졌기 때문이기도 하다.

이런 사회적 분위기를 간파한 정부는 2007년 효행 장려 및 지원에 관한 법률을 제정하여 사라져 가는 효를 살려 한국을 효의 정신적 강대국으로 만들고자 했다. 그리하여 본 고에서는 정신적 가치이자 한국인의 핵심사상인 효의 필요성을 국민들에게 계몽하여 사회에 보탬이 되기 위한 방법의 하나로 각 시인들이 쓴 시중에서 부모를 생각하고 효의 가치를 승화시킨 작품들을 골라 우리 사회에 알리고 적용하고자 했다. 그렇게 함으로서 효사상을 가지고 실천하는 것이 사회에 보탬이 될 것이라고 생각하기 때문이다.

본 논문의 바탕은 한국인의 핵심 사상인 효가 물질만능주의 사상을 억제시키고 정신적 가치인 효의 필요성을 부각시키는 방법의 하나로 우리 주변에서 쉽게 읽힐 수 있는 시를 선택한 것이다. 필자는 그 중에서도 기독교적 입장에서 자연스럽게 가슴속에서 우러나온 박목월과 박두진의 시 속에서 효와 관련된 시들을 찾아 우리 사회의 현장과 접목시키고자 했다. 그렇게 하는 것이 좀 더 구체적이고 현실적인 효 교육이 되지 않을까 한다. 또한 시 속에서 찾은 효 사상을 실천할 수 있도록 하기 위해 7효의 내용과 접근되어있는 시들을 찾아 봤다. 따라서 이러한 내용들의 시를 음미해 보고 실행 해 본다면 우리 사회가 효 사상과 행동을 모범적으로 실행할 수 있는 분위기가 만들어질 거라고 믿기 때문이다. 따라서 많은 독자들이 본고를 끝까지 읽고 우리의 전통적 효 사상과 관련이 되는 상당부분의 효의 정신적 가치에 접근하는 계기가 될 것이라고 믿는다.

2023.11

김명수

박목월, 박두진 시에 나타난 孝思想

I. 서론

1. 연구의 필요성 및 목적

그간 효개념 정의는 사전적이든 문헌적이든 일상적이든 많이 이뤄져 왔다. 그간 논의된 내용을 종합하면 궁극적으로 효는 부모님을 평안하게, 행복하게, 기쁘게 해드리는 것이다. 그러기 위해서 몸도 마음도 잘 봉양하는 것이 효의 도리라 정리했다. '양지養志의 효' '양구체養口體의 효'라고 했다. 마음과 육체를 기쁘고 평안하게 해드리는 것이 효개념이었기 때문에 먹고 살기 힘들던 농경사회와 산업사회 속에서는 효사상이 매우 의미있게 받아드렸다. 물질보다 정신이, 경제보다 도덕이 우선했던 시대였기 때문에 절실하게 요구되었고, 실천되었다.

문제는 지식정보산업사회로 오면서 또 복지정책이 사회적으로 일반화 되면서 달라졌다. 경제적으로 굶주리는 사람이 없는 사회가 되었지만, 뭔가 기대했던 방향으로 사회가 흘러가지는 않았다. 최소한의 먹거리가 해결된다면 정신적 가치는 다시 활기를 띨 것이라 생각했지만 그렇지 않았다. 먹는 문제가 해결되었으니 단순하게 보자면 '양구체의 효'는 어느 정도 해소되었다고 할 수 있다. 이제 마음과 뜻을 봉양하는 '양지의 효'만 해결된다는 생각을 가질 수 있다. 하지만 결코 그렇지가 않았다. 몸과 마음은 따로 움직이는 것이 아니었기 때문이다. 먹거리 해결되었다고 정신적 문제까지 해결된 것이 아니란 것이다. 몸과 마음이 둘이 아님을 보여준 것이다. 아무리 먹거리가 해결되었어도 끝없는 물질적 욕망은 바른 정신문화 창달과는 오히려 거리가 멀어졌다. 정보산업사회 효사상은 농경, 산업사회보다 더 멀어진 것이다.

그렇다고 효사상의 필요성까지 사라진 것은 아니다. 효사상의 필요성은 인정하면서도 물질 중심적 사회적 요구가 효를 가까이하지 못하게 하고 있다. 농경, 산업사회보다 정신적으로 더 여유가 없어졌기 때문이다. 이후로 효는 가정에서 사회에서 더 멀어졌다.

이런 사회적 분위기를 위기로 보면서 최성규는 1997년 효를 살려야겠다는 일념으로 세계 유일이자 최초로 효를 전문적으로 연구하고 교육하는 성산효대학원대학교를 설립하였다. 그리고 2007년에는 '효행장려 및 지원에 관한 법률'을 제정하였다. 사라져만 가는 효를 살려보겠다는 의지의 표현이었고, 그것이 한국을 다시금 정신적 강대국으로 만드는 길이라고 생각한 것이다.

이 연구의 목적도 바로 이런 최성규의 뜻과 맥을 같이하고 있다. 지식정보산업사회를 논리적으로 말하자면 물질적 여유가 전과 달리 생겼다고 볼 수 있다. 1970년대 후반 1인당 1천불 소득보다는 2021년대 3만불 소득은 국민들을 물질적 여유를 갖도록 했다. 물질적 여유가 생겼으니 정신적 가치이자 한국인의 핵심 문화인 효도

다시금 소중한 가치로 여길 것 같지만 실제 현상에서는 그렇지가 않다. 여전히 끝없는 욕망 추구의 흐름 속에서 더 많은 물질을 최고의 가치로 여기면서 효문화는 여전히 뒷전으로 밀리고 있다. 이런 이 시대 정신적 가치 부재의 원인을 적시하며 효연구에 매진하게 되었고, 다시금 정신적 가치인 효의 필요성을 작은 힘이나마 이 사회에 적용해 보려는 마음에서 이 연구를 시작하게 되었다. 따라서 본 연구의 목적에서는 다음 사항을 심도 있게 살펴보고자 한다.

첫째, 효의 실천적 필요성을 살펴 보는 일이다.

둘째, 박목월과 박두진에서 효의 실천은 무엇이었나를 살핀다.

셋째, 7효의 실천 내지는 행동적 의미를 그들의 시를 통해서 살핀다.

넷째, 시가 현대인의 정신생활에 어떤 영향을 주고 있는가를 살핀다.

다섯째 시를 통해 7효를 확장시킨다.

2. 연구 방법과 내용

물질중심의 사회에서 효는 정신적 가치를 대변할 수 있는 매우 중요한 의미를 지닌다. 정신적 가치 효의 발현을 통해 물질만이 최고라는 가치 전도의 사회를 반성하며 돌이켜보는 것은 매우 중요한 의미를 갖는다. 이런 문제의식에서 이 연구논문은 한국인의 정서에 크게 작용하고 있는 문학작품을 활용하려고 한다.

비록 문사철文史哲 인문학의 위기를 말하지만, 그래도 여전히 전국 각 대학마다 문학 관련 학과는 흔들림 없이 존재하고 있다. 특히 국문학은 인문학의 중심으로 대학은 물론 각 지역사회와 대학의 정신적 가치를 책임지고 있다. 민간의 수많은 문학단체나 문인 모임도 이를 뒷받침하고 있다.

문학이 갖는 의미는 삶을 글로 승화하면서 정신적 평안과 위로를 가져다 주기 때문이다. 시, 소설, 수필 등 다양한 장르로 자신과 주변의 삶의 생로병사生老病死, 희로애락喜怒哀樂을 표현하는 것이 문학이다. 그 중에서도 부모자녀 관계의 가정사를 표현하는 것은 남의 이야기가 아닌 우리의 이야기이다. 비록 남을 말하지만 결국은 나의 이야기이기 때문에 너욱 가까이서 울고 웃을 수 있는 소재라 생각한다.

이 연구에서 다루고자 하는 내용은 바로 문학적 표현으로 다룬 가정사이다. 특히 부모자녀 관계를 중심으로 이뤄진 내용들이다. 이를 다루는데 한 시대를 풍미했던 청록파 시인 박목월과 박두진의 시를 통해 조망해 보려고 한다. 두 시인은 자연을 노래하며 청록파 시인이란 별명을 얻었지만, 사실 그 안에는 부모자녀를 애절하게 읊고 있다. 시대적 아픔이었던 일제강점기와 1950년 한국전쟁과 이후 전개된 민족사의 아픔을 시로 승화시키며 항거하고 아파하고 극복하고 위로하고 기뻐하였다.

이런 시대적 아픔, 가치, 방향을 시로 승화한 두 시인의 작품을 효사상의 각도에서 살피는데, 특히 최성규가 정리한 일곱 가지 효의 가치를 기준으로 정리하려고 한다. 이른바 하나님을 아버지로 섬김, 부모·어른·스승공경, 어린이·청소년·제자사랑, 가족사랑, 나라사랑, 자연사랑·환경보호, 이웃사랑·인류보호 등의 7효관점에서 정리한다.

　여기서 소위 청록파 시인 가운데 조지훈을 다루지 않은 데에는 이유가 있다. 박목월과 박두진의 경우 이 연구에서 다룰 7효의 제1항목인 '하나님을 아버지로 섬김'의 기본 요소인 기독교 신앙의 길을 갔다는 공통점이 있지만, 조지훈은 이 항목을 찾기 힘들었다. 기독교 신앙도 또 그에 따른 작품도 거의 찾을 수 없었다. 조지훈을 다루지 않은 이유이다.

　그간 박목월, 박두진에 대한 선행연구는 대단히 많다. 대부분 시세계를 대상으로 한 내용이다. 여기서 다루고자 하는 효의 관점에서 다룬 선행연구는 찾을 수 없었다. 따라서 이 연구가 처음이라는 의미도 있지만, 조심스럽다는 근심도 앞선다. 다행히 7효 관점에서 그간 많은 연구들이 나왔기 때문에 7효를 정리하는 것은 어렵지 않았다. 앞서 말했듯 효개념도 효논문 쓰는 연구자마다 마치 약속이라도 한 듯 한결같이 비슷한 내용을 반복적으로 정리한 것은 필요성 이전에 낭비라 생각했다. 7효에 대한 기존 성과도 마찬가지라 생각한다. 이미 여러 연구를 통해서 정리한 것과 다른 특별한 내용을 정리할 자신이 없다. 여기선 단순히 기존 7효 정리를 간단히 정리하고 박목월과 박두진 7효 사상을 정리하는게 더 의미 있을 것이라 생각한다.

3. 연구의 제한점 및 선행연구 검토

본 연구의 실행에 앞서 연구자는 국회전자도서관에 있는 박목월, 박두진의 모든 작품을 대상으로 살펴보았다. 자연을 비롯해 기독교적 사상 및 동요, 동시 등 다양한 것들 중 여기서는 그 내용에 있어 자연, 부모, 형제 및 가족을 주제로 쓴 작품 중 효와 관련된 시詩를 대상으로 연구·분석하였다.

국회전자도서관에는 박목월, 박두진에 관한 석,박사 학위 논문과 각종 연구물 중 이 논문에서 쓰고자 하는 두 시인의 효관련 연구는 찾을 수 없었다. 문학인이자 시인이었던 두 사람의 시 시계가 자연파 시세계에 초점이 맞춰지다보니 주로 그 각도에서 시문학을 분석한 자료가 대부분이고, 간혹 두 사람이 기독교 신앙을 갖고 있었기 때문에 기독교 문학 차원에서의 문학분석은 있지만, 효관련 내용은 찾을 수 없었다. 따라서 기존 선행연구에서 다뤄지지 않은 내용을 갖고 여기서 정리한다는데 의미가 있다고 생각한다. 다만 기존 선행연구의 전반적인 흐름을 살펴보면서 두 시인에 대한 연구 경향과 특징을 살펴보고 본 연구가 갖는 의미를 되짚어 보려고 한다. 기존 선행연구 기본 자료는 국회전자도서관을 활용하였다. 검색어는 '박목월', '박두진'으로 했다.

일반적으로 청록파를 칭할 때는 박목월, 박두진, 조지훈 세 사람을 칭하지만 본 연구에서는 조지훈 시인에 대해서는 제외하기로 한다.

박목월, 박두진에 대한 연구물은 석박사 학위를 비롯해 일반 연구물까지 1,110여 편에 달한다. 수많은 시인들과 학자들이 두 사람의 시세계를 조명하고 있음을 알 수 있는 대목이다. 그 중에서 성금란[1]은 「박목월 시에 나타난 가족의식 연구」란 주제로 시를 통해서 가족의 사랑을 노래한 내용들을 분석했고 송기헌[2]은 박목월 시에서 자연의 의미 변이 과정을 섬세하게 설명하고 있으며 황경주[3]는 「시의 기독교 상징성에 대한 연구」로 시의 내용이 기독교적 사상과 어떤 관계가 있는가를 연결지어 서술한 것을 볼 수 있다. 이밖에도 최영주[4]의 「동시의 성장시 연구」 등 박목월 동시의 맛을 느낄 수 있도록 했다.

이성경[5]은 「박두진 시의 상징성 연구」에서 시가 갖고있는 시의 이미지를 심도 있게 분석하고 있으며 김꽃님[6]은 「박두진의 기독교 시 연구」로 시 속에 나타난 기독교적 사상을 어떻게 표출시키고 있는지를 서술하고 있다. 또한 양정관[7]은 박두진 시를 자연의 의미를 해석하는 중심으로 연구했음을 나타내고 있다. 이 밖에 수많은 사람들이 다양하게 박두진 시를 조명하고 있음을 알 수 있었다.

국회전자도서관 '박목월' 검색어로 나타난 통계는 2021년 기준으로 다음과 같다. 도서자료 104건, 학위논문 150건, 연구논문(학술기사 포함) 453건, 멀티미디어자료 15건 등 모두 722건이다.

---

1) 「박목월 시에 나타난 가족의식 연구」 조선대학교대학원 석사논문, 2016년.
2) 「한국시학연구」 제45호, 2016년 2월
3) 「시의 기독교 상징성에 대한 연구」 대구대학교교육대학원 석사논문, 2010년
4) 「동시의 성장시 연구」 중앙대학교예술대학원 석사논문, 2010년
5) 「박두진 시의 상징성 연구」 전북대학교대학원 석사논문, 2012년
6) 「박두진의 기독교 시 연구」 한남대학교교육대학원 석사논문, 2009년
7) 「박두진 시」 서강대학교대학원 석사논문, 1998년

도서자료는 박목월 개인 문학세계에 대한 연구가 대부분을 차지하고 있다. 책 제목도 주로 『박목월』(문학세계사, 1993), 『박목월』(새미, 2002년), 『박목월 동시선집』(지식을 만드는 지식, 2015), 『박목월 시선』(지식을 만드는 지식, 2015) 등 주로 박목월의 이름을 그대로 노출시키고 있다.

150편의 박목월 관련 석박사 학위논문도 그의 시세계를 주로 분석 평론하는데 치중하고 있다. 그 가운데 박사학위논문이 20편, 나머지 130편은 석사학위논문으로 문학 관련은 물론 기독교 관련 내용이 대부분이고 특별히 청록파 시인 삼인을 함께 연구한 성과도 많이 있다. 특히 전통과 현대를 넘나드는 그의 시세계를 담아낸 것을 다룬 연구논문이 눈에 띄나 역시 효관련 내용은 발견할 수 없어 이 연구가 처음이라는데 더 큰 의미를 두고자 한다.

'박목월'처럼 '박두진'도 국회전자도서관 소장 연구성과 자료를 근간으로 검색한 결과 단행본 등 도서자료가 77건, 학위논문이 80건, 일반 연구논문 등 학술기사가 532건, 멀티미디어자료가 4건 등으로 모두 693건이다. 이로 볼 때 양적 차원에서 박두진 연구는 박목월 연구보다 29편 적다. 워낙 많은 연구 성과물이기에 29편 적은 것을 갖고 박두진에 대한 관심이 적다고 말할 수는 없다. 박목월 관련 단행본 출간의 경우처럼 박두진의 경우도 박두진 자체를 책 제목으로 선택한 경우가 많다. 『박두진』(한대문학, 1976), 『박두진 시선집』(홍성사, 2019), 『박두진 시선』(지식을 만드는 지식, 2013) 등등이 그 대표적인 경우이다.

박목월의 경우처럼 일반 문학정신을 다룬 것과 더불어 기독교 문학의 입장에서 박두진 연구도 제법 됨을 확인할 수 있다.

참고적으로 학위논문은 박목월이 150편이었는데, 박두진은 80편으로 상대적으로 많이 적은 것으로 드러났다. 그 가운데 석사논문은 59편이고, 박사학위논문은 21편이다. 박목월에 대한 박사논문이 20편이었던 것에 반해 박두진이 21편으로 1편 더 많으나 전체 연구 편수를 가늠하며 살펴볼 때 박목월이나 박두진에 관한 시 연구가 양적으로는 서로 비슷하게 진행되고 있음을 알 수 있었다.

II. 현대적 7효의 이해

1. 종교, 세대, 이념을 초월하는 효개념의 보편성

20세기는 경제자립을 근간으로 하는 물질문명의 사회라고 한다면 오늘날 21세기는 문화와 복지, 환경을 무엇보다 중시하는 정신문명의 사회이다. 물질문명의 사회에서는 과학에 의한 신기술이 인류를 잘살게 해주었다면, 정신문명의 사회에서는 좀 더 풍요로운 삶을 영위하기 위해 기존에 갖고 있던 문화적 요소에 복지, 자연환경의 개선이 요구되고 있다.[8] 거기에 행복이 있기 때문이다. 이를 위해서는 한국문화의 초석이라 할 수 있는 효문화의 새로운 선양이 필요하다. 21세기 새로운 시대의 새로운 문화로 효를 선양해야 하고, 그런 "효가 살면 가정이 행복하고, 사회가 안정되고, 나라가 산다."는 것이다.[9]

효사상은 우리가 일상생활을 하면서 가장 소중한 가치이자 실천적 항목이라 할 수 있다. 그렇기 때문에 어떤 종교문화에도 효사상

---

8) 최성규 편저, 『효와 행복』 성산서원, 2012년, 14면 참조.
9) 최성규 편저, 앞의 책, 17~20면 참조.

은 강조되고 있다는 것이다. 유교, 불교, 기독교, 원불교, 민족종교 등 이 땅의 모든 종교가 효를 강조하고 또한 효행활동을 직접 하고 있는 것들이 이를 증명한다.

각종 종교 경전에는 인간이 태어나 살아가면서 누구나가 부모를 공경하고 형제간 우애하는 것을 기본도덕 원리의 핵심으로 삼아야 한다고 말하고 있다. 그것이 종교적 요청임과 동시에 우리가 살고 있는 사회공동체의 질서유지에 도움이 되기 때문이다. 『논어』에서 는 "사람됨이 효성스럽고 형제에게 공손한 이가 윗사람에게 잘못 을 저지르는 일은 없다. 윗사람 거스르기를 좋아하는 이가 분란을 일으키는 경우도 거의 없다."[10]고 한 것도 이런 내용을 증명한다. 효가 이 땅을 살아가야 할 인간의 당연한 도리라고 생각했기 때문 에 나온 말이다. 유교의 이상적 인간상을 표현하며 군자의 도리로 부모에게 효도하고 형과 어른들에게 공경해야 함을 말한 것이다. "군자는 근본에 힘써야 한다. 근본이 서면 처세의 도리가 생긴다. 결국 효도하고 공경하는 것이야말로 인을 실천하는 근본이다."[11]

일반적으로 유교의 핵심가치를 인仁이라고 말할 수 있다면, 그 인을 실천하는 핵심 덕목이 효도하고 공경한다는 '효제孝悌'라는 것 이다. 그만큼 효와 공경이 소중하다는 이야기이자 주장이다. '효 제'를 인간 누구나의 삶의 근본적 요소로 생각하였고, 최고의 인격 상을 지닌 군자가 갖춰야 할 가장 중요한 덕목이라 생각하였기 때 문이다.

---

10) 『논어』「학이편」: 其爲人也孝弟, 而好犯上者, 鮮矣; 不好犯上, 而好作亂者, 未之有也.
11) 『논어』「학이편」: 君子務本, 本立而道生. 孝弟也者, 其爲仁之本與!

이미 제정 시행되고 있는 '인성교육진흥법'에서 8개 덕목을 설정하고 '효'도 그 가운데 하나의 핵심가치로 설정한 것도 효의 중요성을 상징한다. 인간의 성품에서 효가 빠지면 무의미해지기 때문이다. 인성의 가장 기준점이 되는 것은 자신을 낳아주고 길러준 부모에 대한 효이다. 이 마음을 갖고 나아가서 이웃과 나라와 자연에게도 그 사랑을 실천할 수 있다면 효개념은 완성된 의미를 갖는다. 이런 효개념을 바탕으로 성산효대학원대학교에서는 효개념을 확대하며 현대적 의미를 더하려고 노력해왔다. 그런 가운데 3통三通 7효七孝의 의미를 구체적으로 정립하기도 하였다. 이른바 '3통 7효', 또는 '3통 7행의 효'라고 할 수 있다.[12]

3통은 종교간의 소통을 말하는 통교성通教性, 세대간의 소통을 말하는 통시성通時性, 진보 보수의 소통을 말하는 통념성通念性을 가리킨다. 효문화의 속성상 종교, 세대, 이념을 초월해서 서로간에 융통, 소통, 대화할 수 있다는 것이다.

효에 대한 다양한 해석이 존재하지만, 이를 관통할 수 있는 것은 통교적通教的, 통시적通時的, 통념적通念的 의미가 있다는 것이다. "인간의 내세와 도덕 교화적 목적을 지닌 종교의 종파를 무론하고 효에 대한 이야기가 있으니 통교적이다. 다음으로 인류의 시작으로부터 고대와 중, 근대를 거쳐 현대의 상황에서도 효를 우선시 하는 사람들의 마음이 한결같이 드러나니 통시적이다. 다음 정치적, 철학적, 이념, 감정, 사고를 달리하는 집단에서도 효에 대한 정신을 동

---

12) 박희원, 「『소학』의 통합적 효행코칭 방안」『효학연구』제24호, 2016년 제한국효학회, 112~113면 참조.

의하고 있으니 통념적이다."[13]

가. 통교성通教性

효문화는 어느 종교, 어느 종파든 존중하는 사상이다. 따라서 종교, 종파를 초월하는 통교성 특징을 갖고 있다.

불교는『부모은중경』이라는 대표적인 효에 대한 경전이 있다. 이것 아니고서도 불교 경전 곳곳에 효에 대한 언급이 있다. 이렇듯 "불교 경전에는 효를 강조하는 부분이 다수 기록되어 있는데, 먼저 부모님을 존중하고 정성으로 대할 것과[14] 효도하고 순종하여 섬기고,[15] 사랑하고 공양하며 순종할 뿐만이 아니라,[16] 건강보호와 체력 증진, 병고 극복, 장수를 할 수 있도록 강조하고 있다."[17] 이 뿐 아니라 "『불경』에서는 만약 자식이 부모에게 효를 하게 되면 복을 받게 되고 명예를 얻을 것이며, 죽은 후에도 좋은 곳에 가서 다시

---

13) 박희원,「『소학』의 통합적 효행코칭 방안」한국효학회,『효학연구』제24호, 2016년, 112면 참조.

14) 유명덕,「3통 7행의 효행원리로 본 이승만 정신에 관한 연구」성산효대학원대학교 박사학위 논문, 2014년, 17면에서 재인용. 아래 원문도 유명덕 논문에서 재인용한 것임.

15)『阿差末哀經』: "부모님께 효도하고 순종하여 아침저녁으로 문안드리며 항상 그 곁을 떠나지 말고 정성으로 받들어 나를 낳아서 젖을 먹여 길러주신 높은 은덕에 보답할 것을 생각할 지니라."

16)『吟提資粮論』: "마땅히 부모를 지극한 정성으로 사랑하여 존중하고 공양하여 하늘같이 받들어야 하나니 항상 부모님의 뜻에 순종하여 기뻐하고 즐거워하게 할지니라."

17)『佛母出生經』: "부모님께서 병환이 났을 때에는 모든 자식들은 각각 그 병을 치료할 방법을 강구하여 속히 병고에서 벗어나게 해야 한다. 그리하여 부모님의 건강을 회복시키고 음식을 증진시켜 체력을 더욱 굳세게 하며, 모든 고통을 여 의케 함으로 써 큰 즐거움을 안겨주어 오래오래 사시도록 해야 한다."

태어날 것이라고 하면서 효의 실행을 강조한다."[18]

기독교『성경』에서도 효를 중요한 가치로 강조하고 있다. 가장 대표적인 것이 모세의 십계명이다. 기독교에서 십계명은 무엇보다 소중한 가치와 내용을 담고 있다. 가장 핵심적인 십계명을 통해서 효사상, 구체적으로 부모공경을 하나님의 명령으로 강조하고 있는 것이다. 기독에서 말하는 효는 단순히 인간의 필요에 따른 선택조항이 아니라 꼭 실천해야할 하나님의 명령이란 것이다. 또한 성경 곳곳에서 하나님의 백성으로서의 효를 하되 부모를 공경하고 주 안에서 부모에게 순종하며,[19] 효를 행하여 마음을 즐겁게 하고,[20] 훈계를 듣고 법도를 떠나지 말며 꾸짖지 말고 문안하라고 강조하고 있으며,[21] 만약 효도하면 장수의 복을 주실 것이라고 약속하고 있다.[22]

유교에서 효를 강조하는 것은 이미 일반적인 상식이다. 유교 하면 효가 연상될 정도로 유교문화의 중심에는 효를 강조하고 있다는 것이다. 유교에서는 "부자지간의 길은 하늘의 성이다"[23]라는 말이 있다. 이렇게 부모와 자식 간의 절대적 관계를 설명하고, "이 세

---

18) 『本事經』: "자기의 부모를 깊이 존중하고 섬기고 존경하는 마음으로 아끼어 모시면 끝없는 축복을 받을 것이다. 이와 같은 사람은 이 세상의 모든 지혜로운 사람들이 한결 같이 칭찬하고 찬탄함으로서 아름다운 명예가 널리 전파되어 죽은 다음에도 좋은 곳에 가서 다시 태어날 것이다."

19) 『성경』에베소서 6:1-3"자녀들아 주 안에서 순종하라. 이것이 옳으니라. 네 아버지와 어머니를 공경하라…"

20) 『성경』신명기 5:16, 잠언 23:25-26, 골로새서 3:20

21) 『성경』잠언 1:8, 디모데전서 5:1-2, 로마서 16:13

22) 『성경』신명기 5:16

23) 『孝經』: "父子之道 天性也."

상에서 가장 존귀한 사람이 가는 길은 효보다 더 큰 것은 없다."[24] 고 하였다. 또한 공자는 '효를 덕의 근본'[25]이라고 하면서 효와 덕을 강조하며 그 의미를 부여했다. 덕이라고 하는 것은 다른 사람들에게 은혜와 관용을 베푸는 것이다. 따라서 성인과 군자, 그리고 모든 사람들은 정직하고 곧은 마음의 덕을 따라야 한다. 그렇지 않으면 인간의 도리에서 벗어난다는 경고도 하고 있다. 나아가 공자는 효의 시작이 신체 보존에 있다고 하면서 건강의 중요성을 말하고 있다. 부모님에게 받은 신체를 다치지 않도록 하는 것이라고 본 것이다.[26] 그리고 최종적으로는 '입신양명(立身揚名)'하여 부모님의 이름을 날리면서 기쁘게 해 드리는 것이라고 하였다.[27]

이슬람교에서도 효개념을 강조했다. 이슬람교에서는 율법과 교리로 가족구성원끼리 매우 질긴 끈으로 엮어 있음을 보여주고 있다. 한 가정 안에서 구성원끼리 결코 독립적으로 행동할 수 없으며, 인간관계 또한 분리된 너와 내가 있을 수 없다. 이러한 권위를 가진 부모에게 자식들은 전적으로 효도해야 하는 의무를 지닌다.[28] 이슬람교 율법에서는 하나님께서 말씀하신 바는 다음과 같다. "부모에게 효도하라 하셨으니 그들 중 한 사람 또는 두 사람이

---

24) 『孝經』: "天之性 人爲貴 人之行 莫大於孝."
25) 『孝經』: "夫孝 德之本也."
26) 『孝經』: "身體髮膚 受之父母 不敢毀傷 孝之始也."
27) 『孝經』: "立身行道 揚明於後世 以顯父母 孝之終也."
28) 무슬림 가족은 상호 유대를 돈독하게 하는 가족공동체를 이루고 있으며, 함께 살고 함께 죽는다는 투철한 사생관(死生觀)을 가지고 있다. 무슬림 가정에서 부모의 존재는 절대적이다. 부모는 자녀의 생각이나 몸, 경제, 행위까지를 소유하고 통제하며 관리하는 절대적인 권위를 소유한다.

나이들 때 그들을 멸시하거나 저항하지 말고 고운 말을 쓰라 하셨고, 부모에게 공손하고 날개를 낮추어 겸손하라. 그리고 기도하라. 그리고 주여 두 분께 은혜를 베푸소서. 그분은 어려서부터 저를 양육하였나이다 하라."[29]고 강조하고 있다. 이슬람교에서 효는 부모에 대한 여섯 가지의 효행덕목이 가족공동체를 통해 철저하게 강요되고 통제하는 가운데서 실천되어질 만큼 절대적이고 강력한 것임을 인정하지 않을 수가 없다.

이렇게 불교, 기독교, 유교, 이슬람교에서 효를 강조하고 있다. 이들 종교 아니고서도 다른 종교에서도 효개념은 매우 중요한 개념이자 실천항목이었다. 그것을 근거로 효는 통교적이라고 하는 것이다.

나. 통시성通時性

요즘 세대간 갈등이 커지고 있다. 심각한 사회문제로 대두하고 있는데, 다행히도 효는 세대간 소통과 대화를 할 수 있도록 만들어 준다. 효의 통시성을 말하는 것이다. 효는 시대와 공간을 초월하는 특성을 갖고 있다는 것이다.

이유는 간단하다. 효 자체가 세대간의 연속성을 지니기 때문이

---

29) 코란 17:23-24. 코란에서 명시한 부모에 대한 자녀들이 실천해야 할 효행의 자세를 보면 첫째, 부모를 멸시하지 말 것, 둘째, 부모에게 저항하지 말 것, 셋째, 존경하는 마음으로 고운 말을 쓸 것, 넷째, 공손할 것, 다섯째, 겸손할 것, 여섯째, 부모를 위하여 신께 기도할 것 등으로 요약할 수 있다. 이와 같은 여섯 가지의 효행실천은 다분히 종교적이고 율법적이며 강제적인 색채를 띠고 있다.

다. 우리는 보통 "효자집안에 효자 난다."라고 말한다. 그것은 세대 간의 소통이 효로 이뤄지고 있다는 것을 말한다. 아버지가 할아버지에게 효도를 하면 아들은 그 아버지에게 효도를 한다. 효는 세대 간 연속성을 지닌다는 것이다. 효도를 통해서 세대간의 연결도 되고 소통도 되고 하는 구조이니, 효는 통시적이라는 것이다.

다. 통념성通念性

효는 진보, 보수 노선의 차이가 없다. 또 자본주의와 공산주의 어느 노선 할 것 없이 모두가 효를 중요한 가치로 본다. 구체적으로 남북한 모두 효를 강조하고 있는 것도 그 가운데 하나의 예이다. 효에 관한한 진영논리에 관계없이 공통점을 보이고 있다는 말이다. 따라서 효는 인류가 추구해야 할 가장 이상적인 것이며, 목표로 삼아야 할 가치인 것이다. 이런 면에서 효는 이념을 뛰어넘는 통념적인 정신인 것이다.

효는 어떤 이념과 사상이든 초월하는 통념적通念的 속성을 지닌다. "효는 절대군주제나 독재체제, 그리고 자유민주주의 체제를 지향하는 그 어떤 이념과 사상을 초월하는 가치이다. 역사적으로 볼 때 효는 대체적으로 이념과 사상을 유지하거나 확장하는 역할을 수행하였다."[30] 고대 중국의 왕조는 부모에 대한 효孝는 곧 군주와 국가에 대한 충忠이라고 강조한 바 있다. 효를 정치적으로 활용한

---

30) 유명덕, 앞의 책, 20면

것이다. 영향을 받은 한국 사회에서도 효와 충을 같은 맥락으로 존중하며 강조한 것도 같은 이유이다. 문화대혁명(1966-1976) 당시 공자와 유교 타파를 외쳤던 중국정부 역시 최근에는 공자와 유교 부활정책을 적극 추진하고 있다. 그 중심에는 효와 충의 가치가 있다.[31] 현대사회에서도 효와 충은 의미 있고 가치가 있다는 판단에서 가능한 일이다.

이념과 사상은 하루아침에 만들어지는 것은 아니다. 오랜 시간을 두고 다수의 사람들이 인정할 수 있는 가치성을 띠어야 하며, 올바르다고 인정할 수 있는 최상의 것이어야 한다. 효야말로 우리 사회의 인간관계에 갈등을 해소할 수 있는 가장 고상한 가치를 가진 것이라고 말할 수가 있을 것이다.

2. 7효의 의미

가. 하나님을 아버지로 섬김

7효의 핵심적인 내용은 최성규의 '성경적 효'에서 출발한다. 하나님을 아버지로 섬김, 부모 어른 스승공경, 어린이 청소년 사랑, 가족사랑, 나라사랑, 자연환경사랑, 이웃사랑 인류봉사를 가리킨다. 이런 7효의 중심에는 『성경』 출애굽기 20장 12절이 있다.

---

31) 유명덕, 앞의 책, 20면, 각주 62번 재인용.

"하나님께서는 세상의 모든 것을 지으시고 보시기에 좋다고 말씀하셨으며, 하나님의 형상과 모양으로 지음 받은 아담이 독처하는 것이 하나님께서 보시기에 좋지 않았음을 밝힌다. 그래서 하님께서는 아담에게 돕는 배필인 아내라는 가족을 주시고, 가정을 이루게 하셨다."

인류 최초의 가정을 말한 내용이다. 남자 홀로 사는 것이 좋지 않다고 여기며 여자를 만들고 배필이 되게 하여 가정을 이루게 하였다는 내용이다. 물론 그 이전 세상의 모든 것을 창조하셨다는 내용과, 또 그것이 보기 좋았다 라고 한 것도 주목할 필요가 있다. 대전제는 절대자 하나님의 창조적 행위이고, 그 가운데 인간도 가정도 피조물로 만들었다는 내용이다. 따라서 그런 절대자, 창조주 하나님을 섬겨야 하는 것은 인간의 가장 기본적인 조건이다. 효의 시작이 하나님 섬김이라는 것이다. 이로부터 성경 곳곳에서는 효를 강조하고 있는 내용들이 많이 나오게 되었다.[32]

성경에서 효의 본질을 강조하고 있는 것이다. 하나님 섬김이 무엇보다 우선하는 효의 본질이라는 것이다. 인간은 누구나가 하나님에게서 나왔기 때문이다. "부모 중의 부모는 하나님 아버지로서 하나님 아버지의 명령에 자녀로서 순종하고 실천하는 것이 진정한 '효'라고 할 수 있다. 하나님 아버지는 성경을 통해 효를 명령하시고 행복을 약속하셨다."[33] 효의 가장 기본이자 핵심에 하나님을 아

---

32) 최성규, 『효신학개론』 성산서원, 2012년, 51~54면 참조.
33) 최용석, 「하나님을 아버지로 섬김의 효」 (성산효대학원대학교 『성산논총』 2019년) 성산학술연구원) 1면 참조.

버지로 섬겨야 한다는 성경을 설명한 내용이다.

디모데전서 5장 8절에는 "누구든지 자기 친족 특히, 자기 가족을 돌보지 아니하면 믿음을 배반한 자요, 불신자보다 더 악한 자니라."고 기록하며 가족사랑을 언급하고 있다. 한마디로 "성경적인 효는 가족을 행복하게 하며 사회를 살리는 것이다. 성경적 효야말로 시대를 초월해서 반드시 인간이 실천해야 하는 효인 것이다.

그 이유는 모두 네 가지로 요약할 수 있다. 첫째, 모든 인간은 하나님으로부터 나왔기 때문이다. 둘째, 하나님은 어버이의 참된 본질이요, 모상模像이기 때문이다. 셋째, 하나님은 우리의 아버지로서 영원히 섬겨야할 대상이 되기 때문이다. 넷째, 가장 원초적 창조의 질서는 하나님과 인간의 관계이기 때문이다.[34]

이런 절대적 존재에 대한 섬김은 유교경전에서도 찾을 수 있다. 『효경』에서는 "사람의 행위 가운데는 효보다 큰 것이 없고, 효는 아버지를 공경하는 것보다 큰 것이 없고, 아버지를 공경하는 것은 그를 하느님 옆에 모시는 것보다 큰 것이 없다."[35] 이를 근거로 부모 모시기를 하늘처럼 하라는 선행연구도 많다. 절대자 하나님 섬김이 동양사상과도 일맥상통한다는 이야기이다. 창조질서의 원리가 단지 만물로 그치지 않고 인간세계로 연결되면서 다시 그 원초자에 대한 섬김의 도리를 설명한 내용이다.[36]

---

34) 최성규, 『효신학개론』 52~53면.
35) 『효경』 「성치장」: 天地之性, 人爲貴. 人之行, 莫大於孝. 孝莫大於嚴父. 嚴父莫大於配天.
36) 이은선, 이정배, 『현대 이후주의와 기독교』 서울: 다산글방, 1993년, 356면참조.

나. 부모·어른·스승 공경

세상에 부모님 없는 사람은 없다. 인간은 누구나가 부모님에게서 태어나 어른이 되고, 부모가 되어 다시 아이를 낳아 대를 이어간다. 따라서 부모공경은 효의 핵심가치가 될 수밖에 없는 구조이다. 성경에는 "네 부모를 공경하라. 그리하면 너의 하나님 나 여호와가 네게 준 땅에서 네 생명이 길리라."[37]고 하였다. 성경에는 효를 실천하면 효에 대한 보상이 약속되어 있다. 십계명의 이런 내용은 A.D. 62년경 바울은 "자녀들아 너희 부모를 주 안에서 순종하라. 이것이 옳으니라. 네 아버지와 어머니를 공경하라. 이것이 약속있는 첫계명이니 이는 네가 잘 되고 땅에서 장수하리라."[38]라고 하며 다시 한번 강조하였다. 이런 성경의 본질적인 효에 대한 문제가 오랫동안 주목을 받지 못하다가 성산효대학원대학교 최성규 총장에 의해 다시금 부각되게 되었다.[39]

그런데 만일 효가 내 부모만을 대상으로 할 때 현대사회 잘못 오해될 수가 있다. 내 부모만을 공경의 대상으로 삼는다면 가족이기주의로 잘못 비출 수가 있다. 내 부모 공경하는 마음으로 주변의 어른과 스승에 대한 도리도 갖춰야만 오늘날 필요한 효사상이 될 것이다. 따라서 7효는 부모님을 말하지 않고 부모, 어른, 스승을 함께

---

37) 구약성경 출애굽기 20장 12절
38) 신약성경 에베소서 6장 1절~3절
39) 박희원, 「성경에 나타난 부모 어른 스승공경 고찰」성산효대학원대학교 『성산논총』 2019년, 65면 참조.

공경해야 한다고 말한다. [40)

부모·어른·스승 공경은 효의 일반적 기능이자 개념에 해당한다. 여기서 부모공경은 이해할 수 있지만 왜 어른과 스승공경은 함께 포함되었는가를 생각하지 않을 수 없다. 이유는 간단하다. 동양사회는 예로부터 군사부일체君師父一體를 말해 왔다. 어른(군주, 지도자)와 스승도 부모님처럼 대하라는 가르침이다.

성경적 입장에서 "효는 하나님의 절대적인 명령이자 인간이 살아가는 데 있어 가장 중요한 윤리적 삶의 양식"[41)이라고 표현한다. 또 성경에서는 "부모공경은 신에 대한 윤리(대신계명)와 인간에 대한 윤리(대인계명)를 판가름하는 잣대의 구실을 한다."[42)고 언급하고 있다. 부모공경이 얼마나 중요한 가를 보여주는 내용이라 할 수 있다. 그리고 『성경』에 부모공경의 계명에는 "부모의 모습 속에서 하나님의 부·모성(Fatherhood and Motherhood)을 발견하고, 생명의 근원되시는 하나님을 경외해야 하는 것과 낳으시고 기르시는 부모를 공경하고 받들라는 의미가 담겨있으며, 네 조상과 스승의 유업을 기리고 그들의 교훈에 귀를 기울이라는 것, 네 주위의 어른들을 마땅히 공경할 자로 알고 바르게 예우하라(愛親敬長)."[43)는 의미를 담

---

40) 최성규 편저, 앞의 책, 76~78면 참조.
41) 유명덕, 앞의 책, 21면.
42) 십계명 중 부모공경의 계명은 대신계명과 대인계명을 잇는 연결 고리와 같은 역할을 한다. 『효경』「성치장」에도 "자연의 생명 중에 사람이 귀하니, 사람의 행위 가운데 효보다 더 큰 것은 없다."(天地之性, 人爲貴, 人之行, 莫大於孝.)
43) 금석문(金石文) 자료에 의하면 "孝(효)"자의 본래 뜻은 연장자를 존경한다는 뜻으로 존경의 범위가 직계 친족만으로 한정되지는 않았다. 그러나 『시경』, 『서경』, 『논어』, 『맹자』 등에 이르러 효의 행위대상 범위가 직계 친족으로 좁혀졌고, 그 후 유가(儒家)는 부모자식 관계를 오륜(五倫) 중에서 가장 중요한 것으로 파악함으로써 공자와 맹자의 뜻을 확대하

고 있다는 것이다. 이를 다시 간단히 정리하면 다음 세 가지로 요약할 수 있다. 첫째, 부모공경은 신에 대한 윤리(대신계명)와 인간에 대한 윤리(대인계명)을 판가름하는 잣대의 구실을 한다. 둘째, 부모공경의 계명 속에는 부모를 공경해야만 하는 인간의 당연한 도리와 질서가 있다. 셋째, 부모공경은 모든 대인계명의 전제요, 기초가 된다. [44]

그런데 이런 부모공경의 의미와 도리는 성경 아니고서도 유교경전에서도 말하고 있다. 『효경孝經』의 「광지덕장廣至德章」에는 "군자가 효로써 교육한 것은 집집마다 이르러 날마다 그들을 만나서 가르친 것이 아니다. 효로써 교육한 것은 천하의 아버지 되는 사람을 공경한 것이다. 공경함으로 교육한 것은 천하의 형 된 자를 공경한 것이다. 신하의 도리로써 교육한 것은 천하의 군주 된 자를 공경한 것이다." 『시경』에 말하기를 "백성을 즐겁고 편안하게 하는 군자는 백성의 부모이니, 지극한 덕이 아니면 누가 능히 백성을 가르쳐 따르게 할 수 있음이 이처럼 크겠는가!"[45]라고 하며, 효를 가르칠 경우에 부모와 다른 부모까지도 공경하고, 형제간에도 이웃 간에도 우

여 효를 모든 덕목의 기초로 삼았다. 이것이 『효경』 및 『曾子大孝篇』 등의 글이 쓰인 까닭이다. 孔德成, 「효란 무엇인가?」한국정신문화연구원, 『孝思想과 未來會社』한국정신문화연구원, 1995, 117~126면 참조.『성경』엡6:1~4 "자녀들아 너희 부모를 주안에서 순종하라 이것이 옳으니라 네 아버지와 어머니를 공경하라 이것이 약속 있는 첫 계명이니 이는 네가 잘되고 땅에서 장수하리라 또 아비들아 너희 자녀를 노엽게 하지 말고 오직 주의 교양과 훈계로 양육하라."

44) 최성규, 『효신학개론』 55~56면 참조.

45) 『孝經』「廣至德章」: 君子之教以孝也, 非家至而日見之也. 教以孝, 所以敬天下之爲人父者. 教以弟, 所以敬天下之爲人兄者. 教以臣, 所以敬天下之爲人君者也. 詩云, '愷悌君子, 民之父母. 非至德, 其孰能訓民, 如此其大者乎.'

애할 수 있다고 기록한다. 따라서 부모와 어른, 스승을 공경하는 덕목이 가족이기주의나 물질만능주의에 밀려서 모두 사장되기 전에 시급히 재생되어야 할 필요성을 갖는다.

다. 어린이·청소년·제자사랑

"어린이는 나라의 보배, 청소년은 나라의 기둥"이라 말한다. 하지만 사회 돌아가는 모습을 보면 어른 중심으로 이뤄지고 있다. 우리 선조들은 "어른도 한 그릇, 아이도 한 그릇"이라며 어린이, 청소년을 존중했던 풍토가 있었다. 어린아이 말도 귀담아 들으라는 이야기도 같은 맥락이다. 그래서 성경에서는 "너희 자녀를 노엽게 하지 말라."[46]고 했다. 어린이, 청소년을 당연히 존중하고 사랑해야 한다는 것이다.[47] 어린이와 청소년도 의당 인격을 갖고 있고, 독창적인 삶의 주체이기 때문이다. UN총회에서 '어린이, 청소년 권리조약' 제14조에 의하면, "우리는 우리가 원하는 대로 생각할 권리가 있고, 우리 자신의 종교를 정할 권리가 있다. 부모님은 무엇이 옳고 그른지를 배울 수 있도록 도와주어야 한다."고 기록했다.[48] 어린이, 청소년을 보호할 의무와 책무가 부모와 어른들에게 있다는 말이다.

앞에서는 부모님을 말하지 않고, 어른과 스승을 함께 말했다. 여

---

46) 에베소서 6:4.
47) 최성규, 『효신학개론』 57~60면 참조.
48) 최성규, 앞의 책, 60면. 참조.

기서도 내 자녀만을 말하지 않고 어린이, 청소년, 제자를 함께 언급한 것도 오늘날 효개념이 가족이란 울타리로 묶어 두었을 때 생길 수 있는 여러 부작용을 고려한 측면이 강하다.

아무튼 세 번째 효의 항목으로 어린이·청소년·제자사랑을 말하고 있는데, 이 항목은 다소 논란의 여지가 있다. 보통 효는 아랫사람이 윗사람을 대상으로 하는 것이기 때문이다. 그럼에도 어린이·청소년·제자사랑을 효의 한 덕목으로 삼은 것은 시대가 변했기 때문이다. 오늘날 우리 사회는 누구나가 동등한 인격, 인권을 갖고 있고, 그래서 남녀노소 할 것 없이 서로를 존중하고 배려해야 한다. 그렇다면 비록 전통사회에서는 생각할 수도 없는 윗사람이 아랫사람에게 효한다고 하는 것도 지금 사회에서는 불가능할 사안이 아니라고 본다. 오히려 현대적 관점에서 더 의미 있고 가치 있는 항목이라 할 수 있다.

특히 이것이 중요한 까닭은 최근 무엇보다도 달라진 사회 속 청소년들의 행동에 대한 염려가 크기 때문이다. 요즘 학교사회는 선후배간 혹은 또래 폭력 외에도 스승이 학생을 폭행하는 일도 다반사로 일어났고, 그로 인한 학교 내 새로운 법규도 만들어졌다. 학교에서 어떠한 폭력도 허락하지 않겠다는 내용을 담고 있다. 특히 학생인권을 존중하는 법안에는 교사의 학생체벌도 제재하는 내용을 담고 있을 정도로 전과 전혀 달라진 상황이다. 하지만 중요한 것은 체벌보다는 사랑으로 감싸 안고 학생들을 가르치는 것이 사제간의 도리인 것이다.

아이들의 미래는 어른들에게 달려있다. 『성경』에 "아이들이 내게

오는 것을 금하지 말라."[49]고 하신 것을 보면 어린이도 하나의 인격체임을 분명히 알고 존귀히 여겨야 한다.

또『성경』마태복음에는 "누구든지 내 이름으로 어린아이 하나를 영접하면 곧 나를 영접함이니 누구든지 나를 믿는 소자 중 하나를 실족케 하면 차라리 연자 맷돌을 그 목에 달리우고 깊은 바다에 빠뜨리는 것이 나으니라."[50]고 한 예수의 말씀은 어린이와 청소년을 얼마나 소중하게 다루어야 하는지를 다시 생각하게 하는 부분이다. 성경은 어른들이 어린이를 노엽게 하지 말아야 됨을 그리고 하나님의 감동으로 바르게 해야 하고, 의로서 신하게 지도해야 함을 보여준다. 또한 사랑으로 온전케 하고, 선한 일을 하는데도 온전케 됨을 제시해 준다.[51]

따라서 종합해 볼 때 어린이와 청소년은 독창적인 삶의 주체로 이해하고 그들을 대해야 하는 것이다. 특히 사춘기에 있는 청소년들의 경우 신체는 성인가 같이 변해가고, 정신은 아직도 어린아이 같이 판단능력이 떨어지기에 좌충우돌 어디로 튈지 모르는 휘몰아치는 폭풍과 같은 청소년들에게 삶의 독창적인 주체자들로 존재할 수 있도록 이해를 해주고 바라봐 주는 것이 스승과 어른들이 해야

---

49) 『성경』마가복음 10:13~16
50) 『성경』마태복음 18:5~6
51) 『성경』에베소서 6:4 "또 아비들아 너희 자녀를 노엽게 하지 말고 오직 주의 교양과 훈계로 양육하라", 디모데후서 3:14-17 "... 모든 성경은 하나님의 감동으로 된 것으로 교훈과 책망과 바르게 함과 의로 교육하기에 유익하니 이는 하나님의 사랑으로 온전케 하며 모든 선한 일을 행하기에 온전케 하려 함이라", 시편119:9 "청년이 무엇으로 그 행실을 깨끗케 하리이까? 주의 말씀을 따라 삼갈 것이니이다", 디모데후서 2 : 22 "또한 네가 청년의 정욕을 피하고 주를 깨끗한 마음으로 부르는 자들과 함께 의와 믿음과 사랑과 화평을 좇으라."

할 일이라 할 수 있다.

라. 가족사랑

가족家族은 인간의 가장 기본적인 가장 친밀한 공동체이다. 경제적으로 문화적으로 모든 것을 공유하는 기초공동체에 해당한다. 또한 성경적으로는 하나님이 세워주신 인류 최초의 공동체이다.[52] 하나님께서는 세상의 모든 것을 지으시고 보시기에 좋다고 말씀하셨다. 그러나 하나님의 형상과 모양으로 지음받은 아담이 독처하는 것이 하나님께서 보시기에 좋지 않았다. 그래서 하나님께서는 아담에게 돕는 배필인 가족을 주시고 가정을 이루게 하셨다(창 2:22~24). 가족은 하나님께서 보시기에 '심히 좋은 것'이며, 인간에게는 '기쁨'의 공동체인 것이다. 그러나 오늘날 가정이 해체되고 위기에 놓여 있어서 미래가 걱정이 된다.

성경에서 효를 말할 때, 가족은 매우 중요하다. 왜냐하면 성경적인 효는 관계를 맺는 것과 밀접한 연관이 있기 때문이다. 그런데 천부와 땅의 아들 아담과의 부자관계는 아담과 하와의 결혼 관계보다도 우선한다. 또한 오륜五倫의 관계에 있어서 가장 기초가 되고 변함이 없는 관계는 부모와 자녀의 관계라 하였다. 그러므로 가족을 정의할 때, 부부에 국한하지 않고 부모와 자녀의 관계로 보는 것은 성경적인 효의 입장에서 매우 타당하다고 보는 것이다.

---

52) 최성규, 『효신학개론』 61~63면 참조.

성경에 나타난 말씀 중에 가족 사랑에 대한 주요 단어는 "가족 돌봄, 배반자, 불신자, 가족사랑, 창조질서, 형제의 연합과 동거의 선함, 보배로운 기름, 영생"[53]등으로 인간이 가족을 어떤 마음과 행동으로 돌보며 가족을 잘 보살필 때의 축복과 가족을 돌보지 아니한 결과에 대해 책망을 받을 것임을 분명히 제시하고 있다. 또한 성경에서는 남편에게 순종, 아내 사랑, 아내와의 동거, 은혜 있는 가족에 대한 축복 등을 언급하여 가족 구성원들이 가족 사랑을 어떻게 해야 하는지를 구체적으로 제시하고 있다.[54] 이처럼 성경에서의 가족공동체는 효를 실천하는 기초적인 존재로시의 인간을 언급해 준다. 성경적인 효를 실천함에 있어서 가족 사랑이 중요한 이유는 관계를 맺는다고 할 때 가장 기본적인 단위가 '가족'이기 때문이다. 성경은 가족을 사랑해야 하는 이유에 대해 여러 곳에서 강조한다.

성경은 가족 안에서의 돌봄이 필요함을 제시하여 준다. "누구든지 자기 친족 특히 자기 가족을 돌아보지 아니하면 믿음을 배반한 자요 불신자보다 더 악한 자니라."[55]고 기록한다.

---

53) 『성경』디모데전서 5:8"누구든지 자기 친족이 자기 가족을 돌보지 아니하면 믿음을 배반한 자요 불신자보다 더 악한 자니라", 시편 133:1~3 "형제가 연합하여 동거함이 어찌 그리 아름다운고. 머리에 있는 보배로운 기름이 아론의 수염에 흘러서 그 옷깃까지 내림 같고, 헐몬의 이슬이 시온의 산들에 내림 같도다. 거기서 여호와께서 복을 명하셨으니 곧 영생이로다."

54) 『성경』에베소서 5:22~23"아내들이여 자기 남편에게 복종하기를 주께 하듯 하라. 이는 남편이 아내의 머리됨이 그리스도께서 교회의 머리됨과 같음이니 그가 친히 몸의 구주시니라", 에베소서 5:25"남편들아 아내 사랑하기를 그리스도께서 교회를 사랑하시고 위하여 자신을 주심 같이 하라."

55) 『성경』딤전 5:8

그러므로 "가족이 행복하면 사회가 산다."[56]고 할 수 있다. 하나님이 세우신 최초의 공동체가 '가족家族'이라고 앞에서 언급한 것처럼 가족이 건강하고 행복하면 우리 사회는 저절로 건강하고 서로가 상생相生하는데 문제가 없게 되는 것이다. 『효경』에도 "부모를 사랑하는 사람은 남을 미워할 수 없다."[57]고 말한다. 또한 "제 어버이를 사랑하지 않고 남을 사랑함을 패덕悖德이라고 하며, 제 어버이를 공경하지 않고 남을 공경함을 패례悖禮라고 했다.[58] 이렇게 성경적 효는 가족을 행복하게 만들고 사회를 살리는 방안이 되는 것이다.

마. 나라사랑

효는 작게 말하면 가정에서 부모를 공경하는 것이고, 크게 말하면 사회국가적으로 올바로 기여하는 것을 말한다. 물론 그 가운데에는 인류에 대한 봉사정신, 자연환경에 대한 보호 정신도 포함된다.[59]

이렇게 효의 기초적인 가족에 대한 사랑을 부모자녀간의 효와 형제간의 우애로 표현할 수 있다면 그것이 곧 정치이고, 그것을 잘하면 정치안정이 이뤄진다는 뜻이다. 결국 '수신제가치국평천하修身齊家治國平天下'의 기본원리로서 '제가'와 '치국'은 별개가 아닌 하나의 연결선상에 있음을 말한다. 개인[身]과 가족공동체[家]와 나라공동체[

---

56) 최성규, 『효신학개론』 63~65면 참조.
57) 『孝經』 「天子章」: 愛親者 不惡於人.
58) 『孝經』 「孝優劣章」: 子曰, 不愛其親 而愛他人者謂之悖德, 不敬其親, 而敬他人者, 謂禮之悖.
59) 최성규, 앞의 책, 190~192면 참조.

國와 인류공동체[天下]는 늘 함께 한다는 것이다. 그래서 맹자는 "사람들이 항상 말하기를 천하·국·가라고 한다. 천하의 근본은 나라에 있고, 나라의 근본은 집에 있고, 집의 근본은 몸에 있다."[60]고 하였던 것이다. 우리가 사용하는 '국가國家'란 용어도 사실 '국國'과 '가家'의 합성어임을 통해서도 추론할 수 있듯, 가정에서의 효가 나라에 대한 충과 무관할 수 없는 이유가 여기에 있다.

나라사랑이 효와 무관치 않음을 말한다. 효 개념의 확대 차원에서 당연한 귀결이다. 효가 통치이데올로기로 기능하였다는 비판도 있지만, 그것은 효의 의미 확산과정에서 나온 하나의 방편이었을 뿐이다. 가족공동체 내에서의 효와 나라공동체에서의 충이 별개가 아닌 같은 뿌리에서 나왔고, 또 연장선상에 있다는 것도 이를 증명한다. "충신은 그 임금을 섬기고, 효자는 어버이를 섬기는데, 그 근본은 하나다."[61] 효와 충의 정신이 근본적으로는 하나라는 뜻이다. 여기서 근본이 하나라고 하는 것은 사상적 차원에서의 언급이다. 순자가 "국가를 위하는 것은 반드시 효로써 한다."[62]고 한 것도 같은 맥락이다. 그렇기 때문에 효와 충은 어느 시기부터, 특히 전국시대 이후로는 늘 함께 사용되었다. 불충不忠과 불효不孝를 함께 죄악시하였던 것도 이 때문이다. "군주를 기만하는 것은 불충이고, 부모님을 병들게 하는 것은 불효다. 불충과 불효보다 더 큰 죄악은 없다."[63] 효와 충을 인간의 근본도리이자 당연히 실천해야할 행위

---

60) 『맹자』 「이루상」: 人有恒言, 皆曰 '天下國家'. 天下之本在國, 國之本在家, 家之本在身.
61) 『예기』 「제통(祭統)」: 忠臣以事其君, 孝子以事其親, 其本一也.
62) 『순자』 「宥坐」: 爲國家必以孝.
63) 『세설신어』 「政事」: 欺君不忠, 病母不孝; 不忠不孝, 其罪莫大.

로 보기 때문에 불충과 불효를 가장 큰 죄악으로 말한 것이다. 아무리 먹고사는 문제가 중요하더라도 그것이 인간의 근본은 될 수 없다. 인간의 근본이 효에 있고 거기서 바른 국가관으로서의 충이 가능하다는 주장이다. 국가의 안녕이 효에서 비롯한다는 말이다.

그리고 성경에는 "인류의 모든 족속을 한 혈통으로 만드사 온 땅에 거하게 하시고 저희의 연대를 정하시며 거주의 경계를 한하셨으니(행17: 26)"라고 말한다.

또한 성경에는 "한 나라의 통치자를 세우신 분도 하나님이시고, 그들에게 순종하라고 했다. 성경은 이스라엘뿐만 아니라 각 나라의 열왕들을 하나님께서 세우셨음을 명백하게 증거 한다(단2:21)." "각 사람은 위에 있는 권세들에게 굴복하라 권세는 하나님께로 나지 않음이 없나니 모든 권세는 다 하나님의 정하신 바라(롬13:1)." 권세 잡은 자들 또한 친히 하나님이 다스리시는 것을 볼 수가 있다.

『명심보감』에는 "자식이 효도하면 양친兩親이 즐겁고, 집안이 화목하면 만사가 이루어지느니라."[64]고 했다. 또한 『효경』에서는 "아버지를 섬기는 효성심을 그대로 임금에게 옮겨 임금을 섬기는 그것이 충성이 된다."[65]고 했다. 이러한 예를 우리는 성경에서 쉽게 발견할 수 있다. 즉 아버지 야곱에게 효성을 다했던 요셉은 하나님이 맡기신 애굽 총리의 사명도 최선을 다한 충신이었다. (창46: 28~47:31)

---

64) 『明心寶鑑』治家篇: 子孝雙親樂, 家和萬事成.
65) 『孝經』, 士人章, 故以孝事君則忠.

바. 자연 사랑, 환경보호

인간은 자연 속에서 살면서 자연의 일부분으로 존재하다가 자연으로 돌아간다. 인간은 자연과 떼려야 뗄 수 없는 존재이다. 자연 없는 인간은 상상할 수도 없다. 그래서 "사람은 자연이라는 삶의 터전 속에서 자연이 주는 모든 혜택을 누리며 그 결과에 따라 건강하고 풍족하며 사람다운 행동과 함께 존경을 받아가며 살아가고 있다는 것이다. 그러므로 사람이 잘 산다는 의미는 자연을 효과적으로 이용함으로써 비로소 달성할 수 있는 것이다."[66]

삶의 터전 자연환경에 대한 사랑과 보호는 곧 자신의 삶의 터전을 보호하고 사랑하는 것이다. 거기에는 자신뿐만 아니라 부모와 조상, 자연과 앞으로 이어갈 후손들이 모두 포함되어 있다.[67]

『맹자』「고자상」편에는 인간의 본성을 말하며 우산牛山에 대한 이야기를 하고 있다. 우산은 전국시대 제나라 남쪽에 있던 산 이름이다. 우산에는 아름다운 나무들이 가득했다. 그런데 주변에 큰 도읍이 들어서면서 아름다운 나무들은 하나, 둘 땔감으로 잘려 나갔다. 소나 양을 방목하면서 우산의 초목은 사라지기 시작했다. 우산에는 이제 어떠한 초목도 살지 못하게 되었다. 그 후로 사람들은 우산을 원래부터 벌거벗은 산이라고 여겼다.[68] 처음부터 초목이 없

---

66) 곽종형, 「자연사랑 환경보호」 (성산효대학원대학교, 『성산논총』2019년) 79면 참조.
67) 최성규, 앞의 책, 65~69면.
68) 『맹자』「고자상」: 牛山之木嘗美矣, 以其郊於大國也, 斧斤伐之, 可以爲美乎? 是其日夜之所息, 雨露之所潤, 非無萌蘗之生焉, 牛羊又從而牧之, 是以若彼濯濯也. 人見其濯濯也, 以爲未嘗有材焉, 此豈山之性也哉?

는 산은 없다. 초목이 사라지면서 벌거숭이산이 되었다는 이야기다. 물론 이 이야기는 인간의 본성이 처음부터 양심 없는 것이 아님을 설명하려는 비유에서 나왔다. 이 글의 초점이 비록 거기에 있다 하더라도 여기서 자연환경의 소중함을 생각하지 않을 수 없다.

매년 지구온난화를 말할 때면 사막화를 동시에 말한다. 사막은 어떠한 생명도 허락하지 않는 황무지와도 같다. 하지만 사막이 처음부터 그랬던 것은 아니다. 세계 최대의 사막 사하라도 본래는 초원지대였다고 한다. 초목이 사라지고 동식물이 죽어가면서 사막이 된 것이다. 기후변화를 주된 원인으로 말하지만, 인간의 무분별한 개발과 터전 확대도 무시할 수 없는 원인이다.

그렇다고 자연환경을 무조건 보존만 하는 것도 능사는 아니다. 자연을 적당히 이용하면서 보존하는 것이 필요하기 때문이다. 『맹자』에 보면,

　　"농사철을 어기지 않으면 거기서 나오는 곡식은 다 먹을 수 없을 정도로 넘칠 것이고, 촘촘한 그물을 웅덩이와 연못에 넣어 저인망식으로 잡지 않으면 거기서 자라는 물고기를 이루다 먹을 수 없을 것이고, 도끼를 갖고 함부로 산림에 들어가지 못하게 하면 거기서 나는 재목을 다 쓸 수 없을 것이다. 곡식과 물고기를 이루다 먹을 수 없으며, 재목을 다 쓸 수 없을 정도가 된다면, 이는 백성으로 하여금 산 사람을 봉양하고 죽은 자를 장사함에 유감이 없게 하는 것이다. 산 사람을 봉양하고 죽은 자를 장사함에 유감없게 하는 것이 왕도王道 정치의 시작

이다."[69]

라고 하였다. 자연환경을 적절히 보호하고 활용하면 최적의 상황에서 인간답게 살 수 있는 조건이 형성된다는 말이다. 그런데 인간은 자신의 욕심을 채우기 위해 이 원칙을 너무나 쉽게 저버렸다. 필요량 이상의 것을 요구하면서 함께 살아가야 할 동식물이 고갈되었다는 것이다. 동식물이 사라진 환경에서 인간은 더 이상 살 수가 없다. 아무리 인간이 뛰어난 존재라 하더라도 자연환경 없이는 삶을 영위할 수 없다는 것이다. 자연과 인간이 결코 둘이 아님을 말한 것이다. 맹자가 자연환경보호가 산 사람 봉양과 죽은 자에 대한 예우로 말하며 이를 왕도정치의 시작으로 말한 것은 효가 왕도정치이고, 그것이 곧 자연환경보호라는 것이다.

나아가 사람이 살 수 없는 환경에서 인간의 도덕 윤리는 무엇하겠는가? 동양고전에서 모든 행위의 근본인 효를 자연환경과 관계지은 것은 그렇기 때문에 매우 적절하고도 타당하다.

증자가 "수목을 때에 맞추어 베고, 새와 짐승을 때에 맞추어 잡아야 합니다."고 하자, 공자는 "한 그루의 나무를 베더라도 또 한 마리의 짐승을 잡더라도 때에 맞추어 하지 않으면 효도가 아니다."[70]고 하였다. 증자가 인간의 상식적 도리차원에서 동·식물 보

---

69) 『맹자』 「양혜왕상」: 不違農時, 穀不可勝食也; 數罟不入洿池, 魚鼈不可勝食也; 斧斤以時入山林, 材木不可勝用也. 穀與魚鼈不可勝食, 材木不可勝用, 是使民養生喪死無憾也. 養生喪死無憾, 王道之始也.

70) 『대대예기』 「증자대효」: 樹木以時伐焉, 禽獸以時殺焉. 夫子曰: "斷一樹, 殺一獸, 不以其時, 非孝也."

호를 말하자 공자가 당위법칙으로서의 효의 차원에서 이를 강조한 것이다.

효와 자연보호, 전혀 관계없을 것 같은 양자를 동양의 고전은 함께 말하고 있다. 인간관계를 기본으로 하는 도덕 윤리로서의 효를 대상적 존재인 자연과 결부시키고 있는 것이다. 이렇게 인간의 최고 덕목인 효를 자연보호와 연계한 것은 인간과 자연의 관계가 조금도 무관할 수 없다는 것을 말하고자 함이다. 인간이 자연환경을 등지고서는 자신의 생명은 물론 인간관계마저도 보존할 수 없기 때문이다.[71]

성경적 관점에서도 마찬가지 원리를 갖고 있다. 성경에는 하나님이 첫 번째로 자연을 창조하셨음을 보여준다.[72] 하나님이 이 땅에 모든 것이 당신의 것임을, 즉 자신에 의해서 만들어졌고, 그것의 주인은 바로 자신임을 명명해 놓으신다. 또한 창조질서에 따라 단계별로 창조하시면서 매우 만족해 하셨다. 당신이 관리해도 되는 것을 우리 인간들에게 잘 관리하도록 양도해 주셨다. 하나님 당신이 만들어 놓은 우주라는 곳에서 마음껏 번성하고 다스리고 정복하라고까지 당부하셨다.[73] 인간은 어느 누구도 하나님이 만들어 놓은 자연을 훼손할 수 없고, 관리하고 다스리고 그 안에서 누릴 뿐

---

71) 김덕균, 「동양고전을 통해본 7효」 성산효대학원대학교 『성산논총』 2008년 참조.
72) 『성경』시편 24:1 "땅과 거기에 충만한 것과 세계와 그 중에 거하는 자가 다 여호와의 것이로다."
73) 『성경』창세기 1:1 "태초에 하나님이 천지를 창조하시니라." 창세기1:28 "하나님이 그들에게 축복을 주시며 그들에게 이르시되 생육하고 번성하여 땅에 충만하라. 땅을 정복하라. 바다의 고기와 공중의 새와 땅에 움직이는 모든 생물을 다스리라."

이다. 놀라운 일이 아닐 수가 없다. 그럼에도 불구하고 인간의 욕심은 그간 편리주의에 따라 자연을 지나치게 파괴하거나 훼손하는 주동자 역할을 해왔다. 우주는 이미 벌써부터 몸살을 앓고 있다. 하나님께서 만들어 놓으신 이 우주가 인간에게 반항이라도 하듯 신호를 보내오고 있는 생각이 든다. 우리가 잘 관리하고 잘 다스리면 자연생태계는 더 많은 것을 우리에게 건강과 풍요로움을 돌려준다. 『성경』 시편 104편 10절~13절에도 자연 스스로는 물론 인간에게도 풍요로움을 주는 관계라는 것을 보여준다.[74]

그렇기 때문에 인간은 자연 없이, 자연의 혜택을 누리지 않고는 단 한 순간도 살아갈 수 없다고 하였다. 이는 송대宋代 정자程子도 "풀 한포기, 나무 한그루에도 모두 천지의 화평한 기운이 들어 있다"[75]고 말한 데서도 나타난다. 이렇듯 자연과 인간은 그 생명을 공유함에 있어서 운명공동체이다. 그러므로 자연은 결코 인간의 착취 대상이 될 수 없는 것이다. 자연보호가 인간의 의무라는 것이다. "자연을 사랑하고 환경을 보존하는 일은 공동단체를 비롯한 모든 국민의 의무이다. 자연보호 의무는 어느 개인에게만 있는 것이 아니요, 국가에도 사회단체에도 있으며, 국민 모두 그 의무를 지고

---

74) 『성경』 시편 104:10~13 "여호와께서 샘으로 골짜기에서 솟아나게 하시고 산사이에 흐르게 하사 들의 각 짐승에게 마시우게 하니 들 나귀들도 해갈하며 공중의 새들이 그 가에서 깃들이며, 나뭇가지 사이에서 소리를 발하는 도다. 저가 누각에서 산에 물을 주시니 주의 행사의 결과가 땅에 풍족하도다." 시편 148:3~5 "해와 달아 찬양하며 광명한 별들아 찬양할지어다. 하늘도 찬양하며 하늘 위에 있는 물들도 찬양할지어다. 그것들이 여호와의 이름을 찬양할 것은 저가 명하시매 지음을 받았음이로다."
75) 최성규, 앞의 책, 66면에서 재인용.

있는 것이다."[76]

성경 창세기에는 "하나님이 그들에게 복을 주시며 그들에게 이르시되 생육하고 번성하여 땅에 충만하라, 땅을 정복하라, 바다의 고기와 공중의 새와 땅에 움직이는 모든 생물을 다스리라 하시니라(창1:28)."고 하며, 자연과 인간의 관계를 말씀했다. 온갖 자연을 인간에게 다스리라 말한 것이다. 이 때 '다스리라'라는 히브리어 '라다'는 '억압'하고 '파괴'하는 것이 아니라, 다스림을 받는 자의 행복을 위하여 '돌본다'는 것을 뜻한다.[77] 그리고 '정복하다'는 말도 부정적인 의미로 해석될 수 있으나, 본래 이것은 인간에 대한 하나님의 축복의 형식이라는 사실을 유의해야 한다. 그래서 여기에서 말하는 '정복'의 의미는 인간이 자연을 가꾸며 자연과 더불어 건강하고 행복하게 살게 되는 것을 뜻한다.[78] 동물에 대한 인간의 다스림은 '평화의 다스림'을 뜻할 뿐이지, 모든 생명들의 '삶의 죽음에 대한 권리'를 뜻하지 않는 것이다. 사람은 자연에 대한 하나의 '봉사자'로 부름 받은 것이다."[79]

그리고 하나님을 사랑하고 섬기는 사람은 하나님이 지으신 창조물을 함부로 방치하거나 훼손할 수 없다. 그 고상한 가치를 모두가 받아들일 수만 지금보다 훨씬 더 자연 친화적으로 살 수 있을 것이다.

이렇듯 인간은 "하나님이 지으신 세계를 책임 있게 잘 관리하는

76) 곽종형, 「자연사랑 환경보호」 성산효대학원대학교, 『성산논총』 2019년 90면 참조.
77) 김균진, 『생태학의 위기와 신학』 대한기독교서회, 1991년 101면 참조.
78) 김균진, 앞의 책, 102~103면 참조.
79) 차준희, 『창세기 다시보기』 대한기독교서회, 1998년 14면 참조.

존재."[80])라고 할 수 있다. 한마디로 효는 '생명生命'을 사랑하는 것이다.[81]) 따라서 효를 생명철학이라고 말할 수도 있다. 효의 본질은 애愛와 경敬이니 효도의 표현은 세 가지로 말할 수 있다. 즉, 첫째는 생명을 사랑해야 하는 것이며, 둘째는 생명의 건전健全과 연속을 유지해야 하는 것이고, 셋째는 생명을 존경하는 것이라고 할 수 있다는 것이다. 맹자孟子도 일찍이 "어버이를 친애함으로부터 사람들을 사랑하며 사람들을 사랑함으로써 다시 만물을 애호하게 되는 것"(『孟子』,『梁惠王上』)라고 말한 바가 있다.

사. 이웃사랑·인류봉사

효가 내 부모, 내 가족에 머문다면 효의 생명력은 매우 제한적이다. 효의 범위가 부모형제 및 친족에 머문다면 우리가 경계해야 할 가족이기주의의 대표적 사례가 될 것이고, 또 효가 자칫 나라사랑에 국한된다면 통치 이데올로기란 오명을 벗지 못할 수도 있다. 비록 역사 속에서 그런 오해를 불러일으킨 적도 있었지만, 그것은 효정신의 본래성을 잃은 것이다. 그렇다면 효의 본래성 회복도 중요하지만, 긍정적 차원에서의 효의 다의성을 확인하는 것도 매우 중요한 작업이 될 것이다.

맹자가 "내 노인을 노인으로 섬겨서 남의 노인에게까지 미치며,

---

80) 최성규, 앞의 책, 67면 참조.
81) 蔡茂松,「효의 본질과 현대적 의의」(한국정신문화연구원 편,『효사상과 미래사회』1995년 176~177면 참조.

내 어린이를 어린이로 사랑해서 남의 어린이에게까지 미친다면 천하를 손바닥에 놓고 움직일 수 있다."[82]라고 말하며, 노인 공경과 어린이 사랑에 대한 확대된 의미로 자효慈孝를 풀어갔다. 자효에 대한 이러한 해석은 부모와 가족으로 제한되는 효의 범주를 확대한 것이다.

동양적 이상사회의 모델을 담고 있는 『예기』「예운」편의 내용도 같은 맥락이다. 이상사회인 대동사회에서는 "사람들은 오로지 자기의 어버이만을 어버이로 섬기지 아니한다."[83]는 지적이 그것이다. 대동의 이상사회에서는 홀아비·과부·고아·독거노인이 모두 봉양을 받게 된다는 것이고, 고아와 독거노인을 불쌍히 여기고 장애를 가진 사람들에게 혜택이 돌아가게 한다는 것이다.[84] 이 내용은 현대 복지사회의 흐름을 그대로 말하고 있는 것으로 동양적 효 관념의 확대 차원에서 대단히 의미 있는 언급이 아닐 수 없다.

그래도 효를 이웃은 물론 인류 전반에 대한 사랑으로 해석한 것은 『묵자』가 아닐까 생각한다. 묵자는 유가의 사랑을 차별애라 비판하며 박애博愛를 주장하였는데, 거기서 묵자는 인류애로서 효를 강조한 것이다.

---

82) 『맹자』「양혜왕상」: 老吾老, 以及人之老; 幼吾幼, 以及人之幼. 天下可運於掌.
83) 『예기』「예운」: 不獨親其親.
84) 『예기』「예운」: 大道之行也, 天下爲公. 選賢與能, 講信修睦, 故人不獨親其親, 不獨子其子, 使老有所終, 壯有所用, 幼有所長, 矜寡孤獨廢疾者, 皆有所養. 男有分, 女有歸. 貨惡其棄於地也, 不必藏於己; 力惡其不出於身也, 不必爲己. 是故謀閉而不興, 盜竊亂賊而不作, 故外戶而不閉, 是謂大同. 今大道旣隱, 天下爲家, 各親其親, 各子其子, 貨力爲己, 大人世及以爲禮. 城郭溝池以爲固, 禮義以爲紀; 以正君臣, 以篤父子, 以睦兄弟, 以和夫婦, 以設制度, 以立田里, 以賢勇知, 以功爲己.

"만약 모든 사람들이 서로 사랑하여 남을 사랑하기를 자신의 몸을 사랑하듯 한다면, 어찌 불효하는 자가 있겠는가? 부형이나 군주 보기를 자기 자신과 같이 한다면 어찌 불효를 하겠는가? 어찌 자애롭지 않은 사람이 있겠는가? 아우와 자식과 신하 보기를 자기 자신과 같이 한다면 어찌 자애롭지 않게 행동하겠는가? 그러므로 불효하는 것과 자애롭지 못한 것은 없어질 것이다. (그렇다면) 어찌 도적이 생기겠는가? 남의 집 보기를 자기 자신의 집과 같이 하는데 누가 훔치겠는가? 남의 몸 보기를 자신의 몸과 같이 하는데 누가 해치겠는가? 그러므로 도적이 없어질 것이다. 어찌 남의 집안을 어지럽히는 대부와 남의 나라를 공격하는 제후가 있겠는가? 남의 집안 보기를 자기 집안 보듯 한다면 누가 어지럽힐 것인가? 남의 나라 보기를 자신의 나라와 같이 한다면 누가 공격하겠는가? 그러므로 대부들이 서로 남의 집안을 어지럽히고 제후들이 서로 남의 나라를 공격하는 일이 없게 될 것이다. 만약 세상 사람들이 서로 사랑한다면 나라와 나라는 서로 공격하지 않을 것이며 집안과 집안은 서로 어지럽히지 않을 것이며 도적은 없어지고 군주와 신하와 아버지와 자녀들이 모두 효성스럽고 자애로울 수 있을 것이다. 이렇게 된다면 천하가 다스려질 것이다."[85]

한마디로 효제자孝悌慈를 이루면 천하태평이 가능하다는 주장이다. 물론 그 효제자의 대상은 자기 아닌 타자로서 이웃이나 인류를

---

85) 『묵자』「겸애상」: 若使天下兼相愛, 愛人若愛其身, 猶有不孝者乎? 視父兄與君若其身, 惡施不孝? 猶有不慈者乎? 視弟子與臣若其身, 惡施不慈? 故不孝不慈亡有, 猶有盜賊乎? 故視人之室若其室, 誰竊? 視人身若其身, 誰賊? 故盜賊亡有. 猶有大夫之相亂家, 諸侯之相攻國者乎? 視人家若其家, 誰亂? 視人國若其國, 誰攻? 故大夫之相亂家, 諸侯之相攻國者亡有. 若使天下兼相愛, 國與國不相攻, 家與家不相亂, 盜賊無有, 君臣父子皆能孝慈, 若此則天下治.

말한다. 인류의 치세가 가능한 것은 자기와 자기 가족에 대한 효제자를 타자에게로 확산 실천하는데 있다는 것이다. 인류애의 실천이 천하태평한 인류를 만들 수 있고, 그 인류애는 효실천을 통해 가능하다는 말인 것이다.[86]

이 같은 이웃사랑·인류봉사는 성경 7효의 마지막에 해당한다. "모든 인류는 하나님께서 창조하신 피조물로서 한 형제요 자매요 가족이라는 생각에서 출발하며, 예수가 이 땅에 있는 이웃들을 섬기기 위해 오셨고, 그 이웃으로 인해 고난을 당했지만, 그럼에도 불구하고 이웃을 사랑하라는 말씀에 근거한다."[87]는 측면에서 이해할 수 있기 때문이다.

따라서 효는 궁극적으로 "인류를 향한 하나님의 무한한 사랑과 거룩한 봉사가 십자가 위에서 이루어졌다. 그 사랑과 봉사를 받은 자는 예외 없이 동일한 사랑과 봉사를 실천해야 한다."[88]고 말할 수 있다.

『성경』에는 "원수를 갚는 것도 갚지 말며 동포를 원망하지 말며 이웃 사랑하기를 네 몸과 같이 하라 나는 여호와니라(레19:18)."고 말씀하며, 이웃과 인류를 향한 인간의 자세가 무엇인지 확실하게 보여주고 있다.

---

86) 김덕균, 「동양고전을 통해본 7효」 성산효대학원대학교 『성산논총』 2008년 참조.
87) 최성규, 앞의 책, 69면. 참조.
88) 최성규, 앞의 책, 70면. 참조.

Ⅲ. 박목월, 박두진의 삶과 문학세계

1. 일제강점기의 굴절된 삶과 문학

가. 문학이란?

현대문학을 대표하는 거장들이 많이 있지만, 여기서는 당대 최고의 문학가이자 이 논문의 대상인 박목월이 1969년 저술한 『문학개론』을 정리하는 것도 의미 있다고 생각한다. 시기적으로 1969년은 숱한 역사와 문학사의 굴절을 경험했던 시절이다. 이를 생각한다면 박목월의 『문학개론』은 문학의 고전에 해당한다. 이 논문에서 박목월과 박두진의 시세계에 나타난 7효를 정리하는데, 두 시인가운데 한 사람인 박목월 본인이 직접 개념화 하고 정립한 문학이론을 정리하는 것은 비록 빛바랜 오래된 이론이지만, 그래도 남다른 의미가 있다. 그리고 이 이론을 최신 이론과 비교하며 그 안에 내포하고 있는 효사상을 검토하는 것은 연구의 흥미를 더해 줄 수 있다고 생각한다.

박목월이 생각한 넓은 의미에서 문학은 "하나의 위대한 글자다.

그것은 글자로 쓰여지고 책으로 엮어진 모든 것을 뜻한다." 하지만 이런 개념정의는 너무 범범한 판단이다. 그래서 그는 좀 더 구체적으로 정의하며 "문학이란 시나 산문을 통틀어 사실보다는 상상의 결과이며, 실제적인 효용보다는 쾌락을 목적으로 하며, 또 특수한 지식보다는 보편적인 지식에 호소하는 저술이다."[89]고 하였다. 여기서 '보편적 지식'이란 희로애락喜怒哀樂과도 같은 인간의 정서를 가리킨다. 이런 문학에 대한 개념 정의를 통해 정립할 수 있는 것은 일단 문자로 구성되었다는 것이다. 문자를 기본으로 구성된 것이 문학이라 할 수 있으니, 결국 문자는 문학의 필수조건이 된다. 세분화해서 무엇이 되었든 인간의 정서가 포함되어야 한다는 것도 중요하지만, 그것이 문자로 기록되어야 문학이 된다는 뜻이다.

위에서 문학이 "실제적 효용보다는 쾌락을 목적한다."고 하는 것은 논란의 여지가 있다고 지적하기도 한다. 역사적 사실을 다룬 사실문학이 도외시 되었고, 표현상의 제약이 따르긴 하지만 쾌락의 개념도 보편적 인간의 정서가운데 하나로 본다면 이는 광의의 개념으로 순화하는 것이 좀 더 문학의 개념을 바로 정리한 것이라 할 수 있다.

이런 문학에 대한 개념을 그래도 가장 산뜻하게 정리한 것은 사전이라 할 수 있다. 사전적 의미가 객관화 된 개념의 총합이라 할 수 있기 때문이다. 브리태니커 사전을 찾아보자. 여기서는 문학을 "언어를 매개로 하여 상상을 표현하는 예술"이라 말하고는, "지금

---

89) 이상 인용문은 박목월 외, 『文學槪論』, 문명사, 1969년, 26면.

은 주로 문자로 쓰여져 책의 형태로 되어 있는 것을 말하지만, 말로 전승되는 구비문학口碑文學도 이에 해당한다."[90]고 하였다. 문학 전문 도서에서 말하는 개념과 사전에서 말하는 개념이 다소 차이가 있음을 보게 된다.

나. 시개념 정의

효를 논하며 시를 말하는 것은 간단하다. 시를 통해 표현된 효의 의미를 살피기 위함이다. 효는 부모자녀간, 형제간, 이웃간, 나아가 인간과 자연, 인간과 사회의 자연스런 정서를 담고 있기 때문에 시를 통한 효에 대한 접근도 충분히 가능하다고 본다. 여기서 문학을 살펴보고 시를 살펴보는 이유도 여기에 있다.

앞서 문학개념을 정리한 것처럼 시도 마찬가지이다. 근현대 사회 이후로 새로운 시詩 이론이 많이 나왔지만, 여기서는 시를 언급한 박목월의 자료를 활용하려고 한다. 박목월의 개념정리를 우선하고 다른 이론들을 참고하는 것이 본 연구의 의도를 생각한다면 더 나을 것이라 생각하기 때문이다. 박목월은 시를 꼭 집어서 이것이다 말하기 보다는 시와 시 아닌 것을 대비하며 설명하였다. 요약하면 다음 세 가지로 볼 수 있다.

첫째, "시는 창조이지만, 비시非詩는 사실을 대상으로 논의하는 것이다."

둘째, "시적 진실은 정서적 감화에 있으나, 비시적非詩的 진실은 확

---

90) 이상 인용문은 『브리태니커 세계대백과사전』8, 브리태니커·동아일보, 1996년, 136면.

증할 수 있는 지식이다."

셋째, "시적 언어는 정서적 언어이고, 비시적 언어는 지시적指示的, 과학적科學的 언어이다."[91)

이런 개념 정리는 사실에 근거한 서사적 역사시와 같은 장르가 명시되지 않았다는 한계가 있다. 다시 말해 이 연구에서 다룰 박목월과 박두진 시인의 시들은 서정성을 기본으로 하지만, 그 이상의 상징성 속에 역사적 사실을 무시할 수 없다는 점도 고려해야 한다. 순수 추상적 내용이기 보다는 추상 언어를 통한 현실 유비가 시로 승화했다는 점에서 위에 정리한 시 개념은 매우 제한적이라 할 수 있다. 이런 시 개념은 시의 언어가 따로 있다는 발상에 뿌리를 두고 있다. 그 때에는 시의 소재도 따로 있다고 박목월은 생각했다. 정해진 시의 형태에 맞추기 위해 그 운율韻律에 맞는 언어와 개념을 사용했다. 특히 한시漢詩나 정형시定型詩가 그랬다.[92) 이런 제한성은 상기 시 개념 정리에도 이어지고 있다. 비록 자유시로 넘어 왔어도 시는 이래야 한다는 제한성을 두었던 것이다. 이 때눈 주로 자연과 인간에 국한된 측면이 없지 않았다.

이 논문에서 다룰 자연시인 박목월과 박두진의 초창기 시도 이로 부터 자유롭지 못했다. 초창기 시들이 탈현실, 탈정치적 이라는 비판에서 벗어날 수 없었다는 것이다.[93) 특히 해방 전후 공간에서의

---

91) 이상 인용문은 박목월 외, 『文學槪論』, 문명사, 1969년, 54면.
92) 정한모, 『한국 현대시의 현장』, 박영사, 1983년, 3면.
93) 김동석, 『예술과 생활』, 박문출판사, 1947년, 109~110면.

시작활동이 여기에 해당한다.

하지만 1950년대 전쟁이 일어나고 자연과 도시의 한계를 뚜렷이 구별하면서 달라지기 시작했다. 전쟁이란 특수한 환경은 살 여유조차 없는 극한 상황의 연속이었다. 생존에 대한 절실함이 시어 선택의 폭을 더 다양하게 바꿔 놓을 수 있었다는 이야기이다. 박목월, 박두진 시의 중기 이후의 모습도 여기에 해당한다. 이는 실존 철학자 하이데거가 "언어는 존재의 집"이라 말하고 나서 "시는 언어에 의한 존재의 건설"이라 정의하며 일상적, 세속적 언어가 시어로 자유롭게 활용되었다고 한 점을 짚어볼 필요가 있다.[94] 시의 언어 선택 폭이 오히려 무한정 늘어났다는 것이다. 무한한 생각과 정서의 폭만큼이나 언어의 폭도 넓어진 것이다.

참고로 『브리태니커 세계대백과사전』에 명시된 시 개념도 간단히 정리해 본다. 에드거 앨런 포는 "시란 미美의 운율적인 창조이다."라고 했고, 매슈 아널드는 "시는 인생의 비평이다."라고 했다. 이를 종합적으로 말하자면 시란, "언어의 의미, 소리, 운율 등에 맞게 선택, 배열한 언어를 통해 경험에 대한 심상적인 자각과 특별한 정서를 일으키는 문학의 한 장르이다. 일반적으로 시라 할 때는 주로 그 형식적 측면을 가리켜 문학의 장르로서의 시 작품(poem)을 말하는 경우와, 그 작품이 주는 예술적 감동의 내실적인 시정詩情 및 시적詩的 요소(poetry)를 가리키는 경우가 있다."고 할 수 있다. 다시 말하자면 "시는 절규, 눈물, 애무, 키스, 탄식 등을 암암리에 표명하

---

94) 정한모, 『한국 현대시의 현장』, 박영사, 1983년, 17면.

고자 하는 것이다. 또 물체가 그 외견상의 생명이나 가상된 의지로써 표현하고자 하는 그런 것, 또는 그런 것을 절조 있는 언어로 표현하거나 재현하고자 하는 시도이다."[95]라고 해서, 일반적 문학개론에서 말하는 시보다 좀 더 개념적 가치에 비중을 두고 설명하고 있다.

결과적으로 다양한 시적 언어를 통해 표현된 시인의 효개념도 충분히 논의 가능하다는 이야기이다. 때론 직설적 언어로, 때론 추상적 언어로, 때론 상징적 언어로 효를 형상화 한 것이다. 인간의 감성과 정서를 다룬 시와 인간관계의 가치와 윤리를 다룬 효는 전혀 다른 게 아니라 오히려 더욱 밀착되어 있다는 것이다.

다. 근대시의 특징과 흐름

한국사회 문학의 근대성을 논의하는데, 핵심 개념으로 '자연', '전통', '정신'이란 범주는 늘 따라다녔다. 자연의 서정이나 정신주의, 생태주의 등등은 전통지향과 자연 친화의 입장에서 새로운 반성과 기회를 동시에 제공하였다.[96] 이 논문에서 집중해서 다룰 박목월과 박두진의 시도 이에 어느 정도 부합하기에 이 논의는 의미를 갖는다고 하겠다. 청록파로 대표되는 두 시인에게서 자연이 빛났기 때문이고, 전통성과 인간정신도 이에 잘 투영되었기 때문이다. 이

---

95) 이상 인용문은 『브리태니커 세계대백과사전』13, 브리태니커·동아일보, 1996년, 338~339면.
96) 유성호, 「존재 차원의 자연을 통한 윤리적 투시 - 박두진 시의 형이상학」, 한국문학연구학회, 『현대문학의 연구』 60권, 2016년, 33면.

들이 말하는 자연은 인간과의 대척점에 있는 게 아니라 하나의 연속이자 과정에 있었다. 이분법적 사고 속에서 자연은 인간의 정복 대상이었지만, 이들에게서 자연은 인간과 잘 어울리는 조화로운 모습을 보여주었기 때문이다. 인간과 자연의 하모니가 시로 형상화되었고, 그 가운데 상당수가 효와 관련성을 지닌다는 것이다.

그런데 여기서 근대를 언제부터 산정하느냐의 문제가 있으나, 이에 대한 논란은 본 논문 연구의 방향과 동떨어지기 때문에 여기서는 단순히 조선이 공식적으로 끝난 1910년 전후를 근대라 하고 간단히 정리하려고 한다. 1910년은 안타깝게도 한국이 일본에 합병되는 암울한 시대였다. 합병이후 식민지배가 가속화되면서 벌어진 이 땅은 시인들은 민족시인, 친일파, 친러파, 친미파 등 여러 이념적 정파적 분열과 갈등으로 얼룩졌지만, 여기서는 그에 따른 복잡한 전개양상을 정리하는 것도 지양하려고 한다. 박목월, 박두진 시의 경향성, 특히 7효 관점에서 정리하려는 방향성과 거리가 있기 때문이다.

아무튼 1910년 전후 급변하는 국제정세 속에 조선은 이미 침몰하는 형국이었다. 특히 19세기 말엽『독립신문』등에 발표된 시들의 대체적인 흐름은 애국시愛國詩가 대종을 이루었다. 20세기 초에 발표된 시들도 상당수가 애국주의적 경향을 띠었다. 시와 민족의식이 하나의 방향으로 흘렀던 것이다. 당시 대표적인 시인은 육당六堂 최남선(崔南善, 1890~1957)이었다. 육당이 근대적 감각을 갖고 계

몽적 시의 경향에 선구적 역할을 한 것이다. [97)]

1920년대 전후에는 일본 식민지가 본격적으로 진행되면서 우리보다 먼저 근대화에 성공한 일본의 영향이 컸다. [98)] 대표적인 시인은 주요한(朱耀翰, 1900~1979), 염상섭(廉想涉, 1897~1963) 등이다. 1920년대 이후로 동인지 및 문예지가 발간되면서 본격적인 시단이 형성되었다. 이 때 1919년『창조創造』, 1920년『폐허廢墟』, 『개벽開闢』, 1921년『장미촌薔薇村』, 1922년 『백조白潮』, 『조선지광朝鮮之光』, 『동명東明』, 1923년『금성金星』, 1924년『영대靈臺』, 『조선문단朝鮮文壇』, 1927년『해외문학海外文學』, 1929년『문예공론文藝公論』 등의 문예지들이 속출하였다. [99)]

1930~40년대 들어서면서 한국의 근대시는 비로소 현대시로의 전환이 본격적으로 이루어졌다. 순수 서정성과 인간 심리 내부의 모습을 파헤치는 모더니즘의 경향성과 잔혹한 일제 식민지에 대한 저항성 짙은 시들이 많이 나왔다. 구체적으로『시인부락詩人部落』중심의 생명파,『문장文章』중심의 전원파, 그리고 인생파 작가들이 속속들이 등장하였다. [100)] 대표적인 시인은 김영랑(金永郎, 1903~1950), 신석정(辛夕汀, 1907~1974), 이상(李箱, 1910~1937), 김광균(金光均, 1914~1993) 등이고 박목월, 박두진, 조지훈(趙芝薰, 1920~1968) 등 청록파 시인들도 이때

---

97) 정한모,『한국 현대시의 현장』, 박영사, 1983년, 177~180면.
98) 일본의 영향은 곧 일부 문인들에게서는 친일문학의 한 갈래를 형성하게 된다. 이광수, 주요한, 최재서, 김문집, 김용제가 거기에 해당한다. 반면 일제에 저항하는 항일저항문학의 한갈래도 역시 출현한다. 한용운, 이희승, 이육사. 윤동주, 송몽규 등이 이에 해당한다. 자세한 내용은, 김용직,『한국현대시사2』, 한국문연, 1996년, 568~676면 참조.
99) 정한모,『한국 현대시의 현장』, 박영사, 1983년, 199~210면.
100) 김용직,『한국현대시사2』, 한국문연, 1996년, 505~553면.

부터 두각을 나타내기 시작했다. [101]

해방 이후 이어진 이념적 갈등의 심화와 1950년 6.25 한국전쟁 등 연이은 민족적 비극은 시단에도 엄청난 변화를 몰고 왔지만, 여기서는 박목월, 박두진 두 시인의 활동무대와 시의 내용만을 중심으로 다뤄야 한다는 생각에서 그 외에 것들은 생략하기로 한다.

라. 일제강점기의 시와 문학

일본식민지 시절 일제는 기회만 있으면 우리 시인들의 작품을 압수했고, 때론 삭제하였다. 간혹 시인들을 연행하고 구금하였으며, 투옥도 시켰다. 민족문화말살 정책의 일환이었다. 우리나라와 민족을 황국신민화하려는 일환으로 시인과 문학가들을 괴롭힌 것이다. [102] 이것은 1937년 '황국신민皇國臣民의 서사誓詞'에 잘 표현되어 있다.

一. 우리는 황국신민이다. 충성으로써 군국君國에 보답하리라.

二. 우리는 황국신민이다. 서로 신애협력信愛協力하여 이로써 단결을 굳게 하리라.

三. 우리는 황국신민이다. 인고단련忍苦鍛鍊 힘을 양성하여 이로써 황도皇道를 선양하리라. [103]

---

101) 정한모, 『한국 현대시의 현장』, 박영사, 1983년, 217~228면.
102) 김용직, 『현국현대시사2』, 한국문연, 1996년, 555면.
103) 송민호, 『일제하의 문화운동사』, 민중서관, 1970년, 445면.

이런 분위기 앙양차원에서 일제는 각급 학교에 일본 국조國祖라 하는 천조대신天照大神 위패를 모신 봉안전奉案殿을 설치하였다. 그리고 그 앞을 지나는 사람들이 모두가 고개를 숙이고 절을 하도록 강요하였다. 가가호호家家戶戶 천조대신 위패를 모시고 조석으로 예를 갖추라는 요구도 하였다. 104) 신채호(申采浩, 1880~1936)는 이런 환경을 "한반도는 그 자체가 한 개의 감옥이었다."105)라고 표현했다.

이렇듯 일제 식민지 시절은 우리민족에게는 치욕적인 기간이라 할 수 있다. 인간의 삶을 자유롭게 맘껏 노래하고 표현하는 문학은 그런 점에서 이 시기를 수난의 연속이었다고 말할 수 있을 것이다. 자신의 생각과 사고를 제대로 표현할 수 없다는 것은 인간이 인간이기를 포기하는 것과도 다름이 없었다. 생각과 사고 표현의 최선봉에 있던 문학가들에게 일제 강점기는 그야말로 암흑기와도 같았던 것이다.

문제는 이념갈등으로 인한 분파, 분열이었다. 좌우파로 나뉜 민족의 이념적 비극은 문학 분야에서도 그대로 드러났다. 유례없는 문학단체의 결성과 이합집산이 되풀이 되면서 좌우분열은 심화되었다. 106) 좌파계열에서는 민족문학이라는 기치를 내걸고 임화林和 중심의 문학가 동맹이 결성되었고, 우파계열에서는 한국문학가협회가 나왔다. 특히 민족문학 건설이라는 명제의 표면에는 크게 세 가지 항목이 핵심을 이뤘다.

---

104) 김용직, 『현국현대시사2』, 한국문연, 1996년, 556~557면.
105) 신채호, 「조선혁명선언」『단재 신채호 전집』, 형설출판사, 1979년, 36면.
106) 김윤식, 『韓國現代文學史』, 일지사, 1979년, 14~15면.

첫째, 일제 잔재의 청산, 둘째, 반봉건적 잔재의 극복, 셋째, 국수주의 배격 등이다.[107]

이들은 상호 대립하면서 문화 예술계를 주도하려고 하였고, 일부에서는 조선프롤레타리아 문학동맹을 결성하고, 계급 우위의 문학론을 주창하였다. 1945년 12월에는 남로당이 각 단체의 통합을 요구하는 관계로 '조선문학가동맹'이 탄생하기도 하고, '전국 문학자 대회'를 개최하기도 하였다. 그리고 한동안 좌우 합작의 『문학』『우리문학』『문화전선』 등의 기관지를 발행하였다.[108] 문제는 해방은 되었어도 민족 내부의 이념적 갈등으로 해방 아닌 해방의 형태가 되면서 문제는 완전히 해결된 것이 아니었다.

> "일본 제국주의 지배의 붕괴가 곧 조선 인민에게 자유를 가져오지 아니한 것과 같이 시인에 대한 일제적 박해의 종언도 또한 곧 조선 시인에게 자유를 가져오지 아니한 …. 조선 인민의 자유를 위하여 다시 한 번의 싸움이 필요한 거와 같이 조선 시인들의 자유를 위하여서 또 한 번의 싸움이 필요하게 된 것이다."[109]

위 글은 조선문학가동맹 편, 『년간조선시집年間朝鮮詩集』 서문에 나온 내용이다. 당시 얼마나 분열이 심했는가를 낱낱이 알려주고 있다. 좌익중심의 문학인들 모임에 잠시나마 좌우 합작의 문인 조직

---

107) 김윤식, 『韓國現代詩論批判』, 일지사, 1975년, 277~278면.
108) 곽효환, 「『청록집』의 일제 식민지말 현실인식 연구」, 한국문학연구학회, 『현대문학의 연구』60권, 2016년 10월, 7~9면.
109) 김윤식, 『韓國現代文學史』, 일지사, 1979년, 16면.

이 있었지만, 결국은 우익 계열의 독자적인 모임도 따로 결성되었다. 1945년 9월 변영로, 오상순, 박종화, 김영랑, 김광섭 등이 '조선문화협회'를 발족하였고, 양주동, 서항석, 유치진 등이 합류하면서 기관지『중앙순보』를 발간하였다. 이후로 조선청년문학가협회를 발족하고 김동리를 위원장으로 유치환과 김달진을 부위원장으로 추대하였다. 여기에 박목월, 박두진, 조지훈 등의 일명 청록파 시인들도 참여하였다.[110]

이렇게 해방 정국 속에 이념별로 이합집산이 복잡하게 얽혀 있는 환경에서 1946년 6월『청록집』이 발간되었다.『청록집』은 당시 시에 내포된 사상적 경향과 예술적 방향 등의 결합을 주장하는 순수성을 표방하였다. 이는 당시 청년문학가협회가 일반적으로 주장하는 내용을 담았다.[111]

2. 청록파 태동의 사회적 배경

청록파 시인들이 문단에 등장한 시기는 일제 말 민족적 암흑기라 할 수 있다. 1937년 중일전쟁 이후 일제 식민통치는 더욱 가혹해졌다. 1940년 2월에는 창씨개명을 통해 우리 민족의 전통이자 뿌리 깊은 정신까지도 말살하려고 하였다. 같은 해 8월에는 '동아일

---

110) 곽효환, 「『청록집』의 일제 식민지말 현실인식 연구」, 한국문학연구학회, 『현대문학의 연구』 60권, 2016년 10월, 8면.
111) 김용직, 『한국시와 시단의 형성전개사: 해방직후 1945~1950』, 푸른사상, 2009년, 357~358면.

보'와 '조선일보'를 폐간시키면서 우리민족의 눈과 입을 막았다. 다음해 4월부터는 각 급 학교에서 조선어 교육을 하지 못하도록 명령하였다. 한마디로 민족 말살정책이었고, 우리의 정신문화를 아예 송두리째 없애려는 악랄한 식민정책이었다. 이런 암울한 환경 속에서 문학인들의 새로운 조짐이 싹트기 시작했다.

먼저 청록파 시인들의 움직임을 간파한 김동리의 입장으로 정리해 보자. 김동리는 "오늘날 정치문학 청년들이 '화조풍월花鳥風月' 운운하고 애써 무시하려는 '자연'의 발견도 이와 같이 남의 몸으로써 지키는 세기적 심연에 직면하여 절대절명의 궁경窮境에서 불려진 신의 이름이었던 것"[112]이라 하였다. 새로운 장르와 방향이 요청되던 시기 청록파 시인들의 움직임을 '자연의 발견'이란 표현을 써가면서 긍정적으로 평가한 내용이다. 나아가 이런 움직임을 긍정적으로 묘사하며 "세기의 심연을 극복할 수 있는 힘이 청록파에게 있다고 한 것은 해방 전, 근대 사회의 변화와 근대 문학의 방향을 염두에 두고 한 지적이었으며, 나아가 근대 문학 정립 시기에 민족과 전통을 강조함으로써 문학사의 정통으로 순수문학을 내세우기 위한 전략의 일환"[113]이란 목소리도 있었다. 이는 해방 직후 맹위를 떨치던 조선문학가동맹에 맞서던 청년문학가협회의 목소리였고, 그 중심에 김동리가 있었던 것이다.

『청록집』은 동양, 전통, 민족을 포괄하며 자연을 통해 초월적이

---

112) 김동리, 『문학과 인간』, 청춘사, 1952년, 60면.
113) 김진희, 「『청록집』에 나타난 '자연'과 정전화 과정 연구」, 한국근대문학회, 『한국근대문학연구』18, 2008년, 22면.

고 역사를 뛰어넘는 순수 문학 이론을 추구하였다는 것이다.[114]
『청록집』에 실린 시인들의 공통적 요소는 애상성과 슬픔이었다.[115]
순수문학이론 속에 자신들이 겪는 시대의 아픔을 담았기 때문
이다.

청록파青鹿派란 1939년 순 문예지『문장』을 통하여 문단에 등단한
박목월, 박두진, 조지훈 세 사람을 가리켜 이르는 말이다. '청록'이
란 이름은 1946년 시집『청록집青鹿集』을 간행하며 붙은 이름이다.
청록은 박목월의 시 '청노루'에서 따온 것이다. 1946년은 해방이후
를 가리키지만 작품들은 대개가 그 이전 해방 이전의 내용들이 대
부분이었다. 해방 전에 썼던 것들을 해방 이후에 책으로 펴낸 것이
다.[116] 박목월과 박두진은 정지용의 추천으로 문단에 등단하였다.
정지용은 그들을 "삼림에서 풍기는 식물성의 것"[117]이라 평가하면
서. 이들이 '자연의 발견'이라는 새로운 화두를 제시하고 있다고 하
였다.

아무튼 이들 청록파 시인 가운데 본 논문에서 집중적으로 다룰
박목월과 박두진은 1916년 같은 해 태어났다. 가장 불행한 시대에
두 시인이 태어난 것이다. 여기서 조지훈을 다루지 않은 것은 7효
의 첫 번째 항목인 '하나님을 아버지로 섬김' 부분에 제약이 있었기

---

114) 곽효환,「『청록집』의 일제 식민지말 현실인식 연구」, 한국문학연구학회, 『현대문학의 연
　　구』60권, 2016년 10월, 10~11면.
115) 곽효환,「『청록집』의 일제 식민지말 현실인식 연구」, 한국문학연구학회, 『현대문학의 연
　　구』60권, 2016년 10월, 12면, 26면.
116) 김기중,「자연의 재발견과 존재론적 생명의식의 형상화」(『청록집』해설), 『청록집』, 을유
　　문화사, 2006년, 71쪽.
117) 신용협,『現代韓國詩研究』, 국학자료원, 1994년, 211면.

때문이다. 박목월과 박두진은 그런 점에서 공통점이 있었고, 또 7

효를 다루는데 공감적 요소가 많았기 때문이다. 아무튼 두 시인을

비롯한 우리 민족이 겪었던 1916년 당대 불행했던 일들을 간단히

정리해 보자.

1월 4일에는 조선총독부가 식민지 교육을 위해 '교원심득'을 공

포하였다. 6월 25일에는 조선의 상징이자 정궁이었던 경복궁 터에

조선총독부 청사를 세우고 기공식을 거행하였다. 이렇게 민족적

으로 불행한 시기에 박목월과 박두진은 태어나 활동을 하였던 것

이다.

3. 일제 말 암흑기를 산 두 시인의 생애와 가족관계

가. 박목월의 생애와 가족관계

박목월(朴木月, 1916~1978)은 경상북도 경주군 서면 모량리에서 부친

박준필과 모친 박인재 사이의 2남 2녀 중 맏아들로 태어났다. 일찍

이 개명한 부친은 근대식 고등교육을 받았고, 모친은 돈독한 기독

교 신앙을 갖고 가족들을 기독교 신앙세계로 이끌었다. 대구에 있

는 기독교계 학교인 계성중학 진학도 이 같은 신앙적 배경이 작용

하였다.[118]

다음은 박목월이 인생의 종점 죽음에 대해 논한 내용이다. 죽음

---

118) 김용직, 『한국현대시사2』, 한국문연, 1996년, 513면.

은 끝이 아니라 새로운 시작이라는 박목월의 신앙적 가치관이 잘 드러나 있다. 시를 삶에 가장 소중한 가치로 여겼던 박목월은 인생의 희로애락도, 신앙적 체험도, 민족적 아픔도, 자연의 아름다움도 시로 남겼다. 시인으로서 외길 인생을 살아온 그에게 죽음이란 인생의 막바지였다. 그 때 그는 예견이라도 한 듯 이를 글로 표현했다.

> "죽음은 그야말로 소멸이나 종언이 아니다. 내 육신이 스스로 영원한 시간으로 돌아가서 그곳에서 환한 눈을 뜨는 것이다. 괴로운 것은 영원히 괴로울 수 없다. 괴로움은 괴로움으로서 한 때를 지나가는 것이다. 또한 그 괴로움은 죽음이라는 사실을 거쳐서 느긋하게 평안하고 황홀하게 서럽고 어둡게 환한 영원히 아름답고 끝없이 즐거운 것으로 돌아가 버린다."[119]

1978년 초봄, 박목월은 평소처럼 새벽운동을 하고 돌아왔지만, 잠시 어지럼증을 느껴 자리에 누웠다. 그것이 영원한 천국으로 가는 길이었다. 지금도 3월이면 그를 기리는 추모제가 해마다 열린다. 자연과 인생을 함축적인 언어로 노래한 박목월의 시는 곳곳에서 아름다운 꽃향기를 불러일으키며 모든 이들의 마음에 살아 숨쉬고 있다. 어머니의 따뜻한 마음과 뜨거운 신앙적 열정을 간직하고, 깊은 향기를 풍기며, 고고한 청노루가 되어 주변을 맴돌고 있다. 박목월의 아내가 가장 소중하게 여기던 그의 유작 한 편이 그

---

119) 박목월, 『구름의 서정』, 박영사, 1958년.

의 인생을 정리하는 내용을 담고 있다. 아들 박동규가 특별히 아끼는 시라고 한다. '어머니의 언더라인'이다.

"유품遺品으로는 그것뿐이다. 붉은 언더라인이 그어진 우리 어머니의 성경책. 가난과 인내와 기도로 일생을 보내신 어머니는 파주의 잔디를 덮고 잠드셨다. 오늘은 가배절嘉俳節, 흐르는 달빛에 산천은 젖었는데, 이 세상에 남기신 어머니의 유품은 그것뿐이다. 가죽으로 장정된 모서리마다 헐어버린 말씀의 책, 어머니가 그으신 붉은 언더라인은 당신의 신앙을 위한 것이지만, 오늘은 이순耳順의 아들을 깨우치고, 당신을 통하여 지고하신 분을 뵙게 된다. 동양의 깊은 날밤에 더듬거리며 읽는 어머니의 붉은 언더라인, 당신의 신앙이 지팡이가 되어 더듬거리며 따라가는 길에, 내 안에 울리는 어머니의 기도 소리."[120]

박목월을 신앙세계로 이끈 어머니의 신앙이 담긴 시이다. 어머니의 신앙을 신실하게 이은 효자 박목월의 모습 속에서 효심과 신앙심을 함께 발견할 수 있다. 참고로 박목월의 위 내용과 내용상 연관되는 찬송가 '나의 사랑하는 책'과 '어머니의 넓은 사랑' 등 두 곡을 소개한다.

'나의 사랑하는 책'
1. 나의 사랑하는 책 비록 해어졌으나 어머님의 무릎위에 앉아서 재

---

120) 이 시는 그 어느 시집에도 수록되지 않다가 박목월 아내가 엮은 미발표 유고집에 실렸다.

미있게 듣던 말 그 때 일을 지금도 내가 잊지 않고 기억합니다.
2. 옛날 용맹스럽던 다니엘의 경험과 유대 임금 다윗왕의 역사와
　　주의 선지 엘리야 병거타고 하늘에 올라가던 일을 기억합니다.
3. 예수 세상 계실 때 많은 고생하시고 십자가에 달려 돌아가신 일
　　어머님이 읽으며 눈물 많이 흘린 것 지금까지 내가 기억합니다
4. 그때 일은 지나고 나의 눈에 환하오 어머님의 말씀 기억하면서
　　나도 시시때때로 성경말씀 읽으며 주의 뜻을 따라 살려합니다.

(후렴) 귀하고 귀하다 우리 어머님이 들려주시던 재미있게 듣던 말
　　　　이 책 중에 있으니 이 성경 심히 사랑합니다.

'어머니의 넓은 사랑'

1. 어머니의 넓은 사랑 귀하고도 귀하다 그 사랑이 언제든지 나를
　　감싸 줍니다.
　　내가 울 때 어머니는 주께 기도드리고 내가 기뻐 웃을 때에 찬
　　송 부르십니다.
2. 아침저녁으로 읽으시던 어머니의 성경책 손때 남은 구절마다 모
　　습 본 듯합니다.
　　믿는 자는 누구든지 영생함을 얻으리 외워주신 귀한 말씀 이제
　　힘이 됩니다.
3. 홀로 누워 괴로울 때 헤매다가 지칠 때 부르시던 찬송소리 귀에
　　살아옵니다.
　　반석에서 샘물 나고 황무지가 꽃피니 예수님과 동행하면 두려
　　울 것 없어라.
4. 온유하고 겸손하며 올바르고 굳세게 어머니의 뜻 받들어 보람

있게 살리다.

풍파 많은 세상에서 선한싸움 싸우다 생명시내 흐르는 곳 길이
함께 살리다.

'나의 사랑하는 책'은 1921년, '어머니의 넓은 사랑'은 1967
년 나온 찬송이므로 시기적으로 박목월과의 영향관계가 있
을 가능성이 있다. 다만 이에 대한 그 어떤 언급도 없는 게 아
쉽다. 내용상 연결 선상에 있어 참고로 소개한 것이다.

나. 박두진의 생애와 가족관계

박두진(1916~1998)은 경기도 안성군 안성읍 봉남리에서 태어나 9세
때 고장치기라는 마을로 이사했다. 고장치기는 차령산맥 끝자락
에 있는 아주 작은 빈촌이었다. 집안은 할아버지 때부터 청빈하고
무력한 농사꾼 집안이었다. 8남매의 형제자매가 있었지만, 모두
죽고 박두진 홀로 살아남았다. 그만큼 살기 어려운 형편이었고 열
악한 환경이었다. "때가 되어도 솥에 넣고 끓일 것이 없어 창백한
얼굴로 말없이 안절부절 못하시는 어머니의 모습, 눈을 감고 계신
아버지의 모습"(자유, 사랑, 영원)이란 글도 이런 환경을 말해준다. 한편
으로 "검정시험과 자격시험을 통한 변호사 자격 획득"을 소원이라
고 말한 적도 있다. [121] 박목월처럼 처음부터 문단 진출을 위한 노력
이 없었던 것이다. 나이가 들어서는 기독교에 깊이 침잠하여 그 신

---

121) 김용직, 『한국현대시사2』, 한국문연, 1996년, 530면.

앙 세계를 지향하였다.

박두진은 가난한 살림에 보탬이 되고자 부모님을 도와 궂은 농사일을 마다하지 않았다. 밤새도록 논에 물을 댄 일도 있다. 가족의 끼니를 위해 남의 집에 쌀을 꾸러 다닌 적도 있다. 서울로 올라가 제도 기술을 익혀 측량사무소에서 생활도 했다.

그런 가운데서도 바른 마음, 바른 예절을 가지려고 노력했다. 전형적인 엄부자모嚴父慈母의 유교적 선비집안에서 엄격한 삶을 교육받았다. 학교나 서당에 다닐 수 없어 천자문은 부친에게서 배웠다. 글만 깨우친 게 아니라 부친이 몸소 겪고 읽으신 경술국치, 3.1 독립만세운동, 동학운동, 임진왜란, 병자호란 등의 역사 속 우리 민족의 아픔도 함께 배웠다. 사리에 밝았던 어머니는 비록 무학이셨지만 부친 못지않은 엄한 교육을 시키셨다. 어머니에 대한 그리운 정은 '어머니를 그릴 수 있다면'(샘터, 1985)이란 제목의 책으로 나왔다.

엄한 양친의 가르침을 받으며 성장한 박두진은 훗날 당시의 기억을 시로 남겼다. 주로 고향마을 고장치기의 자연을 노래하면서 당시 시대적 아픔을 몸으로 경험한 일들을 시로 담았다. 박두진 본인의 술회로 살펴보자. 『시와 사랑』에 나온 내용이다.

"그렇게 좋은 자연을 두고두고 속절없이 살다가 죽어갈 것이 안타까웠던 것이다. 소박하나 근본적이었던 두 모순된 면의 영생적인 생명욕구 우선 이것이 내게는 가득 차 있었다. 죽어서 오래고 싶은 것과 살아서 살은 대로 오래고 싶었던 상반된 궁극욕구窮極欲求를 나는 나이 어린 소년의 가슴에 갈등시켜 지니고 있었다. 사람은 왜 사는가? 사람은 왜 났는가? 왜 죽는가? 왜 서로 싸우는가? 왜 누구는 가난한 가? 나란 무엇인가? 어떻게 사는 길이 가장 바르게 옳게 훌륭하게 사 는 길인가? 를 알지 못해 하면서 나는 나대로의 깊은 고민에 빠지곤 하였다. 그리하여 고향을 떠나 서울에만 가면 그곳에는 이미 깊이 깨 달은 훌륭한 사람들이 많이 있을 것이니, 그들을 만나면 속 시원하게 이러한 여러 많은 문제의 해답을 구할 수 있으리라 생각하여 오래 오 래 자나 깨나 갈망하던 '서울'에를 급기야 열여덟 살 때에 올라오게 되 었다. "[122]

박두진이 18세 때 고향을 떠나 서울로 올라올 때의 감회를 적은 내용이다. 고향 자연에 묻혀 살 때는 제한된 공간에서 제한된 사고 에서 제한된 생각만을 하였다. 이제 그 한계를 뛰어넘고자 더 넓은 세계로 삶의 방향을 다잡고자 서울행을 선택한 것이다. 서울로 올 라와서 시세계도 전과 달리 확장되었다. 바로 이즈음 박두진은 기 독교 신앙생활을 시작했다. 그 연유를 알 수 있는 본인의 고백을 살 펴보자.

"『문장』지에 추천을 받기까지의 이 한 6, 7년 동안이 내게 있어서는 문학과 동시에 인생 수업의 제 1기적인 매우 중요한 단계였다. 가정 적으로 또는 생활로 정신적, 사상적으로 이 동안의 나는 내 환경과 지 향에 적지 않이 심각한 동요를 받았다. 고독과 비애와 절망과 기아에 직면하면서도 나는 불굴의 투지와 발분으로써 어쨌든 모든 위에 말

---

122) 신용협, 『現代韓國詩硏究』, 국학자료원, 1994년, 217면에서 재인용.

한 가장 기본적이며 제 1의적인 인생문제의 해달解達을 위하여 꾸준한 사색과 연마를 쌓으며…. 그렇게 하는 가장 큰 힘의 배경과 근원이 되며 모든 문제를 해결할 수 있는 유일한 길로서 나는 종교 신앙의 길을 택하기에 이르렀고, 비 내리는 어느 주일에 스스로 찾아가 기독교회의 문을 두드렸다."[123]

이 내용은 박두진 본인이 쓴 '나의 추천시대'이다. 일제말기 지식인으로서의 고뇌와 갈등, 정신적 방황의 분위기를 기독교 신앙을 통해 해결하려는 모습이 절절하게 보인다. 그것도 누구의 권면이 아니라 스스로 그렇게 결정하였다. 기독교적 신앙을 위안처로 삼고 '해' '묘지송' '향현' '푸른 하늘아래' '설악부' 등의 문학작품을 쓰면서 자신의 마음을 위로하고 추스렸다. 그리고 어둠, 불의, 절망을 극복하는 밝음, 정의, 희망, 동경 등의 시어를 표상으로 전개하였고, 이후로 박두진 시세계의 제2기를 맞이하게 되었다.[124]

이렇듯 초기시의 배경은 감수성이 강했던 청소년 시기의 일제 식민통치 기간이었다. 이후로 중기로 접어들면서 잔학무도했던 일제 통치가 끝나고 해방정국을 맞이하여 새로운 세계를 맞나나 싶었지만, 곧바로 6.25라는 민족상잔의 비극을 체험하였다. 그리고 곧이어 4.19를 겪으면서 사회적 시련의 격동기를 또다시 겪으면서 살았다. 이를 시로 표현한 것이 '아, 민족民族'이다. 이에 대한 자세한 내용은 박두진의 나라사랑 부분에서 다시 정리하기로 한다.

123) 박두진, 『시인의 고향』, 범조사, 1958년, 207~208면.
124) 신익호, 「박두진의 '묘지송' - 어두운 현실극복을 위한 메시아적 이상향 추구」, 국학자료원, 『한국현대시 대표작품 연구』, 1998년, 408면.

한편 제 3기 후기시의 단계에서는 완전한 기독교 신앙적 세계관 속에서 '사도행전' '수석열전' '속 수석열전' '포옹무한' 등의 연작시가 나왔다. 이 시들의 특징은 절대자의 섭리에 따른 구원, 희망, 사랑 등을 소망으로 삼으며 진정한 신앙인의 삶과 기쁨을 노래했다.

4. 박목월과 박두진의 문학세계와 문단의 평가

『청록집』발간 이후 박목월, 박두진에 대한 그간 문학계의 공통된 평가는 '자연의 발견'이었다. 여기서 자연이란 단순히 자연물상을 말하지 않는다. 자연과 어우러진 인생, 가족, 민족, 종교, 삶과 죽음의 세계를 포괄한다. 이 연구에서 7효를 결부시킬 수 있는 근거도 여기에 있다. 단순한 자연만을 담은 시였다면 7효와의 연관성을 찾는 것은 불가능하기 때문이다. 자연에 함축된 외연이 효의 다의성을 담고 있는 7효와 관계를 맺을 수 있다고 보았다. 이 논문이 지향하고자 하는 내용이다.

가. 박목월의 문학세계와 문단의 평가

박목월 자신의 회상에 따른 문학 데뷔는 중학교 1,2학년 때이다. 경주 변두리의 작은 마을에서 학교를 다니다가 대구 계성중학교로 진학하면서 사춘기에 접어든 그는 문학작품을 접하며 전과 다른 감회를 느낄 수 있었다. 그리고 그 세계에 깊이 침잠하면서 문학의

길로 가게 되었다고 한다.[125)]

박목월은 박두진과 더불어 정지용의 추천으로 문단에 등장하였다. 당시 정지용이 박목월을 추천하며 "북에 김소월이 있었거니와 남에 박목월이가 날 만하다. 소월의 툭툭 불거지는 삭주 구성조는 지금 읽어도 좋으며, 목월이 이에 못지않아 아기자기 섬세한 맛이 좋다.... 요적 수사를 다분히 정리하고 나면 목월의 시가 바로 조선시이다."[126)]라고 하며 박목월을 조선시의 대표라 극찬하였다.

박목월의 문학세계는 크게 3기로 구분하는 게 일반적이다. 제1기는 『청록집』과 『산도화』 시절로 '자연'과 '향토적 정서'를 특색으로 하고 있다. 제2기는 『난·기타』 『청담』 등 원효로 시대로 현실의 생활을 연민의 정으로 노래한 시기이다. 제3기는 '평화지향적' 시 세계를 추구하였고, 동시에 '크고 부드러운 손' 등과 같은 신앙인의 경건함을 시로 표현하였다.[127)]

특히 신앙인의 경건함을 두고 일부 연구자들은 '청교도적 구도와 서정의 힘' '창조하는 삶에 대한 청교도적 갈망'이라 평가하기도 하였다. 박목월의 지고지순한 삶에 대한 애정이 청교도적 갈망으로 미래지향적 희망의 세계로 승화되어 있다는 평가이다.[128)] 이는 현실도피적인 순응주의와는 거리가 있다. 투쟁의식이라는 극단적 현실참여는 아니지만 자연스런 상징 언어를 통해서 현실의 아픔과

125) 김용직, 『한국현대시사2』, 한국문연, 1996년, 551~512면.
126) 이형기 편저, 『자하산 청노루』, 문학세계사, 1989년, 40면에서 재인용.
127) 신용협, 『現代韓國詩硏究』, 국학자료원, 1994년, 325, 353면.
128) 김재홍, 『詩와 眞實』, 이우출판사, 1984년, 220~221, 225면.

난관을 극복하려는 의지가 담겨있다는 것이다.[129]

다시 박목월 시세계의 단계별 변화를 도표로 정리하면 다음과 같다.

단 계	특 징	작 품
1단계 (제1기)	동심지향적 자연친화	청록집, 산도화 등
2단계 (제2기)	인간주의	난·기타, 청담 등
3단계 (제3기)	존재론적 신앙의 세계	크고 부드러운 손

이런 박목월의 시문학적 경향성을 두고 '동정성童貞性과 향토정조'[130] '정신적 동정童貞의 세계'[131]라 표현했다. 내용 가운데 상당수가 향수를 불러일으키는 어린 시절을 상기시키는 동시적 요소가 짙게 배어나온다는 평가이다.

나. 박두진의 문학세계와 문단의 평가

박두진은 1939년 6월 정지용의 추천으로 문단에 등단한 이후 시집 『문장』에 '향현' '묘지송' '낙엽송' '들국화' 등 여러 시들을 발표했다.

김춘수는 박두진의 시세계를 평가하며, 시인으로서의 그를 '의지의 시인'[132]이라 평했다. 박두진이 발견한 자연과 그에 따른 세계는 식민지 시절, 고향과 문화를 잃어버린 민족에게 아름다운 고향을

---

129) 김재홍, 『詩와 眞實』, 이우출판사, 1984년, 223면.
130) 김용직, 『한국현대시사2』, 한국문연, 1996년, 507~510면.
131) 김종길, 『시에 대하여』, 민음사, 1986년, 236면.
132) 신용협, 『現代韓國詩硏究』, 국학자료원, 1994년, 213면.

마련해 준 것과 같다는 의미이다. 자연을 '이상과 현실'이라는 두 방향에서 잘 조명하였다는 평가이다.[133] 박두진 시에 표현된 자연은 단순 자연이 아니라 민족과 인류, 현실과 영원, 현세적·정치적 이상과 종교적·궁극적 생활양식이 아무런 모순 없이 일원화된 세계로 정리되었다.[134] 그 밖에 정지용은 '신자연', 김동리는 '자연의 발견', 신용협은 '고향의 발견'이라 명명하기도 했다.[135] 이런 것들을 종합해서 '미래지향적 선구자의식'[136]이란 평가도 나왔다. 현실에 대한 부정적 인식과 함께 이런 현실을 초월하고자 한 의지를 표현한 것이다. 적극적이면서도 능동적이었던 박두진의 시세계를 평가한 것이다.

그런데 박두진은 스스로 「시와 사랑」이란 글을 통해 본인의 작품 세계와 가치관을 솔직히 고백하였다. 먼저 그 내용을 살펴보자. 비록 일제 암흑기라는 불운의 시대를 살면서도 자신만의 문학세계를 표현한 것이다.

"문학 - 시를 그 시대적인 발전의 상모와 교체면에서 무슨 유파나 주의나 조류로 개괄하거나 분류해 보고, 그러한 진보를 전제로 하는 역사적인 방법으로 하는 문학에 대해서 흥미를 느끼는 반면 허덕대고 남의 지나간 자취의 찌꺼기를 맹목적으로 주었다가 모방하려고 허덕거리는 꼴들이 우수꽝스럽게도 보았다. 그러한 유파나 주의나

---

133) 신용협, 『現代韓國詩硏究』, 국학자료원, 1994년, 215면.
134) 김용직 외, 『한국현대시사연구』, 일지사, 1996년, 512~513면.
135) 신용협, 『現代韓國詩硏究』, 국학자료원, 1994년, 225면.
136) 김재홍, 『한국현대시인 연구』, 일지사, 1990년, 397면.

조류나 시대를 초월하는 영원성 있는 문학의 저항에 대해서 나는 더 깊은 경의와 흠모를 갖게 되었다. 전 인류적인 것, 범 인간적인 것, 세계적인 것, 영원하고 근본적인 성격을 띠는 것이 그 때의 내 모든 사고의 명제 범주였다. 사랑, 평화, 자유, 평등, 진리, 구원, 성에 대한 문제로 경도 하에 된 것도 이 시기로부터였다."[137]

여기서 박두진이 경계한 것은 맹목적 모방이었다. 문학적 자유와 창의정신을 포기한 모방은 문학세계가 경계해야할 제일의적 목적이었다. 당시의 유파, 주의, 조류에 휩쓸리지 않고 자신의 문학세계를 구축하려는 의지가 엿보인다. 또 그것이 인류애人類愛[138]를 담아내는 방법이라 생각했다.

"어떤 산에서 갓 내려온 싱싱한 야성 같은 것을 간직한 채 앞으로 택할 바 내 시의 진로를 신중한 태도로 모색하고 있었다. 불건전한 점에 있어서 무기력한 눈물로 짓 비벼진 감상의 시와 겨룰 바가 없었던 경박한 외래취를 유행적으로 발산하는 것으로써 가장 새로운 것으로 조각하고 있던, 소위 당시의 사이비似而非 모다니스트들의 시에서도 나는 거의 생리적인 것 같은 맹렬한 반발과 경악을 느꼈다. 내 시가 그 출발로부터 너무도 벅찬 의욕과 포부를 가졌음에도 불구하고 그 소재나 형상을 자연에서 구하고 자연의 감화와 일절의 죽은 것, 생명이 없는 것, 도시적이고 인공적이고 말초신경적인 것, 너무도 인사에 치우치고 무기력한 것, 병적 퇴폐와 감상, 부허한 경박과 무주체성에

---

137) 박두진, 『시와 사랑』(자작해설시), 신흥출판사, 1960년.
138) 이 논문에서는 7효의 이웃사랑, 인류봉사와도 같은 개념이다.

대한 저간의 반발反撥에 연유緣由한 것이다."[139]

여기서 박두진이 추구한 문학세계가 그대로 드러난다. "일체의 죽은 것, 생명이 없는 것, 도시적이고, 인공적이고, 말초신경적인 것"에 대한 반발과 경계가 중심이다. 궁극적으로 살아 있는 것, 자연적인 것, 보편적인 것을 추구하겠다는 선언이다. 또 사회적으로 "너무도 인사에 치우치고 무기력한 것, 병적 퇴폐와 감상, 부허한 경박과 무주체성에 대한 반발"을 거부하며 자연주의 생명관의 소중함을 작품에 담겠다는 강한 의지를 표현했다. 이는 어설픈 "모더니스트의 비생명적 메카니즘에 대한 반발"[140]이었다. 한편 당시 도시의 신선한 풍물을 소재 삼아 시를 쓰는 풍토 역시도 박두진은 비판하였다. 이른바 '사이비 모다니스트'가 그들이다. 그들은 진보적이며 참신한 식민지 문화의 잔재를 위대하다고 칭송하며, 자신의 본질을 왜곡하는 부류라는 것이다. 순수함이 없는 사이비 근대주의자들이다.

이 내용은 작품의 방향이 자연으로 귀결되는 과정을 구체화해서 보여주는 자전적 서술이다. 이를 두고 박두진을 '신자연의 발견'[141]이라 평가한 것도 지나치지 않다. 일반적인 생명존중의 자연시인과 구별하기 위한 표현이다.

---

139) 박두진, 『시와 사랑』(자작해설시), 신흥출판사, 1960년.
140) 신용협, 『現代韓國詩硏究』, 국학자료원, 1994년, 220면.
141) 신용협, 『現代韓國詩硏究』, 국학자료원, 1994년, 220면.

물론 그 이면에는 일제강점기라는 어두운 현실적 상황이 깔려 있다. 암담한 조국의 현실 앞에서 그의 시 세계가 일종의 순수 자연주의가 아닌 자연에 함축된 소망이 민족적 희망을 자극하는 것이었다. 일본 제국주의에 대한 반항, 반발이 자연스런 자연의 시어에서 발원한 것이다. 그리고 해방정국을 맞이하며 1946년 '해'를 표제로 하는 시집을 출간했다. 암울했던 일제 치하의 어둠을 벗어나 새로운 희망을 '해'로 맞이한 것이다. 박두진 본인의 고백으로 살펴보자.

"나는 저 뜨겁고 영원하고 절대적인 성숙한 우주의 한 중심체인 해 이외의 그 어느 것으로 대신할 것이 없었다. 이 해야말로 가장 으뜸가고 가장 정확하고 가장 훌륭하고 유일한 이미지의 시적 실체요, 그 활력이라고 믿었던 것이다. 장엄하고 위대하고 영원하고 절대적인 시의 미, 시의 힘, 시의 생명력, 그 자체일 수 있다고 단정한 것이다."[142]

'해'가 박두진 시의 미美, 힘, 생명임을 말해준 내용이다. 그만큼 그에게 암울하고 무기력했던 일제 강점기는 탈출해야할 감옥과도 같았던 굴레였다. 박두진 시의 내연이 굴레로부터의 탈출이었고, 그 중심에 '해'라고 하는 광명이 있었다. '해'는 자연이지만, 그 자연 속에 가정, 사회, 인류의 빛이 포진해 있으니, 이 논문에서 다룰 일곱 가지 효개념과 맥락적으로 맞닿아 있다고 해도 과언이 아닐 것이다.

---

142) 박두진, 『한국현대시론』, 일조각, 1970년, 385면.

IV. 박목월, 박두진 시에 나타난 7효 사상

1. 어머니가 중심이었던 박목월의 삶과 7효

식민지시대 말기부터 1978년 세상을 떠나기까지 박목월은 동시로 시작해서 자연과 인생, 고향과 기독교적 세계 등 다양한 내용을 작품으로 남기었다.[143] 자녀사랑으로 시작하여 부모공경, 가족사랑, 나라사랑, 자연사랑의 특화된 작품을 남긴 것이다. 특히 모든 장르의 중심에는 어머니가 있었다. 어머니에 대한 시를 쓰며 하나님, 부모, 자녀, 가족, 나라, 자연 사랑의 이미지를 담았다. 이웃사랑, 인류봉사에 대한 이미지가 다소 부족하긴 하지만, 보편적 사랑을 담은 시속에서 일부나마 찾아볼 수 있었다. 박목월의 시세계는 초창기 동시에서 비롯되었고, 점차 자연에 대한 갈망을 노래하다가 점차 인간, 세계, 삶, 하나님에 대한 자신의 감정을 이입하는 방향으로 전개되었다.[144] 이를 잘 반영한 대담록이 있다.

---

143) 김은정, 「시 속에 구현된 신과의 만남」, 문예시학회, 『문예시학』 11권, 2000년 11월, 177~178면.
144) 김은정, 「시 속에 구현된 신과의 만남」, 문예시학회, 『문예시학』 11권, 2000년 11월, 179면.

"… 뭐말까 '시詩를 生活生活한다'고 할까요…. '시'와 '생활'을 일원화一元化시킨다는 것, 그것도 '생활'을 '시'쪽으로 끌어다 붙이는 게 아니라 '시'를 '생활'쪽으로 끌어다 놓는다는 것입니다."[145]

박목월 시의 핵심은 시의 생활화였다. 생활 속에서 만나는 다양한 내용을 시로 담았고, 그것이 여기서 연구하며 대입하려는 7효 정신과 맞닿아 있다. 여기서 하나하나 나눠보며 분석해 보려고 한다.

가. 하나님을 아버지로 섬기는 효

박목월은 어려서부터 기독교 신앙인의 가정에서 태어나 자랐다. 선대 또한 성실한 기독교인이었다. 출신학교였던 계성중고啓聖中高는 영남의 전통 있는 기독교계 학교였다. 부인 또한 교회에서 중요한 직분을 맡고 있을 정도로 충실한 신앙인의 가정이었다.[146] 박목월은 62세 되던 해인 1978년 기독교 장로로 취임하였다. 장로로 취임하면서 다수의 신앙시도 남겼다.

그런 박목월 시의 궁극점이자 귀결점이 있다면 기독교적 세계관이라 할 수 있다. 그의 시에는 일관되게 기독교 세계관이 담겨 있다. 철저한 신앙인의 자세에서 작품 활동을 전개한 것이다. 그는 주변 향토적 시인들이 의도적으로 기독교를 서양 외래 종교라 해서 일부러 외면한 것과는 달리 철저하게 기독교적 풍토에서 작품

---

145) 「박목월, 김종길과의 대담」, 『世代』 1960년 4월호.
146) 김은정, 「시 속에 구현된 신과의 만남」, 문예시학회, 『문예시학』 11권, 2000년 11월, 187면.

을 남겼다. [147]

이런 박목월 기독교 신앙의 핵심에는 먼저 자신이 죄인임을 고백하는 내용이 있다. 죄인이기 때문에 완결자로 갈 수 없고, 완전하신 예수의 도움으로만이 구원을 받을 수 있다는 신앙고백이 선결 과제란 것이다. 이런 죄성을 깨달은 박목월은 주님 나라 가는 길을 속죄 의식에서 찾았고, 동시에 그런 신앙의 길을 강조하였다. [148] 살아온 삶에 대한 반성과 속죄 의식이었다.

> 걸으면서 기도한다. / 거리에서 / 마음속으로 / 중얼거리는 주기도문 / 나이 62세[149] / 아직도 / 중심이 잡히는지 나의 신앙 / 주여 굽어살피소서. / 당신의 눈동자 안에서 / 오늘의 나의 하루를 / 외곽으로만 헤매고 / 해는 짧고 / 날씨는 차가운 / 겨울의 가로수 밑동 / 걸으면서 / 안으로 중얼거리는 주기도문 / 진실로 / 당신이 뉘심을 / 전신으로 깨닫게 하여 주시고 / 오로지 / 순간마다 / 당신을 확인하는 생활이 되게 / 믿음의 밧줄로 / 구속하여 주십시오. / 그리하여 나의 걸음이 / 사람을 향한 것만이 아니고 / 당신에게로 나아가는 길이 되게 하시고 / 한강교漢江橋를 건너가듯 / 당신의 나라로 가게 하여 주십시오. ('거리에서')

박목월은 1978년 사망하였으니, 이 시는 그해 쓰인 유작시였다. 인생의 종착지에서 간절한 신앙심을 글로 표현한 것이다. 길을 걸

---

147) 김은정, 「시 속에 구현된 신과의 만남」, 문예시학회, 『문예시학』 11권, 2000년 11월, 179면.
148) 조규찬, 「박목월 시에 나타난 기독교적 상상력 연구」, 문예시학회, 『문예시학』 23권, 2010년, 155면.
149) 안타깝게도 박목월은 장로로 취임하던 62세에 세상을 떠났다.

으면서도 기도했던 절실한 신앙인의 모습이 시로 표현되었다.[150] 세상의 끝 날을 생각해보면 불안, 공포, 회의가 있을 법도 하지만, 이 시에는 오히려 "질문을 던지며 망설이는 회의와 부정의 거친 호흡보다는 구속과 질서 안에서의 안도를 노래하는 긍정의 환한 숨결"[151]이 드러나고 있다. 동시에 일상적 삶에 대한 반성과 함께 속죄의식이 드러난 시이다.

이 땅에서 일상적 삶을 살지만 궁극적으로 가야할 천국을 가기 위해서는 속죄를 해야 하는데 그 길이 무엇인지, 살펴보며 그것이 한강교를 건너듯 가게 해달라는 기원이 담겼다. 물론 대전제는 용서를 비는 주기도문에 있다. 주기도문의 용서를 반복하면서 속죄를 기원하고, 그것이 일상에서의 주변 사람(이웃)을 향한 사랑만이 아닌 궁극적으로는 주님을 향한 길이 나의 길이 되게 해달라는 구원 요청이었다. 하지만 그것은 내 뜻이 아닌 신의 은총의 산물이기에 이를 표현하는 시도 남겼다.

여보게 / 고뇌苦惱는 인류人類의 벗을 길 없는 / 영원한 숙명宿命. / 아담의 이마에 절이는 소금 / 그러나 인고忍苦로 신神을 볼 수 있는 / 그것은 또한 신神의 은총恩寵 ('同行' 중에서)

주여 / 저에게 / 이름을 주옵소서. / 당신의 부르심을 입어 / 저도 무엇이 되고 싶습니다. / (중략) / 나라는 / 이 완고한 돌문을 / 열리게

150) 김종태, 「박목월 시에 나타난 고뇌와 죽음」, 한국현대문예비평학회, 『한국문예비평연구』 58권, 2018년 6월, 23면.
151) 황인교, 「박목월의 신앙시」, 대한기독교서회, 『기독교사상』 36호, 1992년, 249면.

하옵소서. ('부활절 아침의 기도' 중에서)

부활은 하나님의 아들로 이 땅에 와서 인간의 죄를 대신해서 죽은 예수가 다시 살아난 날이다. 삶과 죽음, 죽음과 삶이 교차되는 인간의 실존적 모습에서 부활신앙은 기독교인들의 궁극적 소망이다. 이를 박목월은 시로 표현하였다. "죽음을 두려워하지 않고, 죽음을 통하여 새 삶을 이루어내려는 자의 간절한 소망이다."[152] 인간은 죄의 속성 때문에 고뇌, 고통, 인고의 삶을 살 수 밖에 없다. 하지만 회개하고 돌아서면 이를 극복하고 새로운 인생을 살 수 있다. 그 길은 오로지 신의 은총이 깃들 때 가능하다. 인간이 거듭나는 것은 오로지 절대자 하나님만이 가능하고, 그것을 절대적으로 믿고 따르면 그 은총을 누릴 수 있다는 것이다. 이것이 박목월의 시에 절절하게 잘 표현되어 있다.

이런 성숙한 신앙인이 되기까지 박목월을 인도한 사람은 어머니였다. 박목월은 어려서부터 독실한 기독교 신앙을 갖고 있었지만, 그렇게 되기까지는 철저한 신앙의 소유자 어머니의 영향이 컸다. 이는 작품 속에서도 자연스럽게 나왔다. 초기에는 자연을 주로 노래하다가 중·후기로 오면서 인간, 세계, 삶, 신에 대한 감정을 자연스럽게 담기 시작했다.[153] 시를 쓰면서 자연과의 결별을 선언한 것

---

152) 김종태, 「박목월 시에 나타난 고뇌와 죽음」, 한국현대문예비평학회, 『한국문예비평연구』 58권, 2018년 6월, 25면.

153) 김은정, 「시 속에 구현된 신과의 만남 - 박목월론」, 문예시학회, 『문예시학』13권, 2000년, 179면, 183면.

이 아니라, 자연의 엄숙성과 인간세계의 좀 더 절실함을 종교적으로 표현한 것이었다. 특히 신앙의 전달자였던 어머니에 대한 정서가 더욱 이렇게 만든 것이다. 어머니의 뜻에 따른 것이니, 이것은 효실천의 한 표현이었다. 어머니가 구원의 길을 안내함과 동시에 문학의 방향을 결정해 주신 것이다. 박목월의 효와 신앙이 어머니를 통해서 한데 어우러져 있음을 상징한다. 박목월의 어머니는 박목월을 신앙의 길로 인도한 안내자였다. 신앙적 길잡이가 어머니였던 것이다. 이는 '어머니의 성경'[154]에서 구체적으로 드러나 있다.

> 지금 내가 읽고 있는 / 이 책은 / 어머니께서 유물로 남겨주신 / 성경이다. / (중략) / 지금 내가 읽는 / 성구聖句마다 / 어머니의 눈길이 스쳐 가시고 / 어머니의 신앙信仰이 / 어머니의 축복이 깃들어 있는 / 어머니의 성경 / 어머니의 기도로써 / 내가 받은 축복 / 어머니의 기도로써 / 내게 내리신 하나님의 은총 / 지금 나도 / 돋보기 너머로 어머니의 성경을 읽으면서 / 자식들을 위하여 / 주님께 간구한다. ('어머니의 성경')

여기서 주목되는 것은 어머니이다. 일부 연구자들은 기독교적 전통이 부자관계적 측면이 강한데, 박목월의 경우 모자관계로 의미를 설정할 수 있다는 것이 특징이라고 말한다.[155] 실제로 박목월에게 신앙적 가르침을 주시고 인도한 분은 어머니였고, 작품 속에서도 스스럼없이 이를 밝히고 있다. '어머니의 언더라인'이란 시가

---

154) 박목월, 『박목월 시선집』, 서문당, 1993년, 469면.
155) 정경은, 『박두진 박목월 김현승의 기독교 시 연구』, 한국학술정보, 2008년, 75면.

대표적이다.

음력정월 초하루, 박목월은 어머니가 즐겨 읽으시던 붉은 줄이 쳐진 성경책을 앞에 놓고 예배를 드렸다. 마음속으로 돌아가신 조부모, 아버지와 어머니, 그리고 먼저 죽은 아우를 생각했다. 그는 예배 때마다 어린 자녀들에게 자신의 어머니이자 아이들의 할머니가 보시던 성경책을 돌려가며 읽게 했다. 붉은 줄이 쳐진 성경책을 읽으면서 아이들은 "할머니가 왜 이 구절에 줄을 쳐놓았을까?" 하는 생각을 하게하고는 그 옛날 할머니가 "하나님이 이루어 주실거야."하던 기억들을 되살리도록 했다. 이런 분위기를 담아서, 그 내용은 '어머니의 언더라인'이란 시로 발표되었다.

어머니의 신앙에서 비롯한 박목월의 신앙은 일상생활에서도 자연스레 드러났다. 본인 뿐만 아니라 그의 자녀들도 대물림 되었다. 박목월의 자녀들은 "어머니, 기도해 주세요."란 말을 입에 달고 살았던 것이다. 나이 30이 넘은 큰아들도 예외가 아니었다. 일이 있을 때마다 어머니의 기도를 받는 것이 습관이 되었기 때문이다. 수학여행을 떠날 때도, 시험을 치를 때도, 신학기 등교할 때도 어머니의 기도는 필수사항이었다.

박목월의 신앙적 배경이 어머니 없이는 불가능하였음을 증명한다. 박목월의 자녀들이 보고 배운 것도 박목월의 어머니의 신앙을 본받음 그대로였다. 자녀들이 어머니의 기도를 간청했듯, 이제 어머니가 계시지 않은 상황에서는 아이들의 어머니, 곧 자신의 아내에게 그 기도 부탁은 이어졌다. 50이 넘은 남편 박목월이 아내에게 기도를 받은 것이다. 살아생전의 어머니에게 부탁했던 그 기도를 이제는 아내에게 부탁한 것이다. 그때마다 아내는 "여보, 어려운 일이 있으신 모양이군요. 우리 기도합시다."라고 말했다. 이에 박목월은 순순히 아내의 기도에 고개를 숙였다.

박목월의 시에 나타난 기독교적 세계관은 너무나도 명쾌하게 곳곳에 드러나고 있다.

세상에는 / 감람나무보다 / 더 많은 어린이들이 / 자라고 있지만 / 그들의 뒤통수에 / 머물러 있는 / 주의 / 크고 따뜻한 손 ('감람나무' 중에서)

주여 / 열이 오른 이마를 / 짚어 주시는 당신의 손길 / 앓아누운 자리에서도 / 함께 하시는 당신의 은총 ('이만한 믿음'중에서)

크고 부드러운 손이 / 내게로 뻗혀온다. / 다섯 손가락을 / 활짝 펴고 / 그득한 바닷가 / 내게로 밀려온다. ('크고 부드러운 손'중에서)

못박힌 자국이 / 모든 것을 증거해 주는 / 바다의 손이 / 나를 깨끗하게 한다. / 못박힌 자국으로 말미암아 / 이제 나는 / 당신을 벗어날 수 없다. / 나는 당신의 사람 / 못박힌 자국이 / 나를 구속한다. ('노래'중에서)

여기서 손은 단순히 물을 집거나 가리키는 수단으로서의 기능이 아니다. 부족한 사람, 어려운 사람, 힘든 사람을 따뜻하게 감싸주는 손이다. 곧 하나님을 상징한다. 하나님의 따뜻한 손이 나와 우리, 주변을 감싸 주신다는 고백이다. 그것이 하나님의 사랑이라면 그에 감사하며 공경하는 것이 인간의 도리이고, 이것이 7효 가운데 첫 번째에 해당하는 '하나님 섬김'의 효라 생각한다. [156)

박목월의 시에는 이 같은 하나님을 섬기는 효사상이 강하게 깔려 있다. 특히 중·후기 작품으로 갈수록 더욱 강하게 나타나고 있다. 이것은 인간이 나이 듦과 동시에 나약해지면서 자연스레 절대자 하나님을 의지하며 따르는 절대자로의 회귀 현상이라 생각한다.

나. 부모공경

박목월의 부모님은 전형적인 엄부자모嚴父慈母였다. 엄격한 부친의 가르침과 자상한 어머니의 보살핌 속에서 박목월은 성장하였다. 그런데 아버지는 시의 소재로 많이 나오지 않는다. 다만 제삿날 올린 축문이 시로 남았다

아베요 아베요 / 내 눈이 티눈인 걸 / 아베도 알지러요. 등잔불도 없는 제사상에 / 축문이 당한기요 / 눌러 눌러 / 소금이 밥이나마 많이 묵고 가이소 / 윤사월 보릿고개 / 아베도 알지러요. / 간고등어 한

---

156) 그밖에 박목월의 시에 표현된 기독교 신앙은 매우 많다. "희고도 눈부신/ 천 한 자락을 하늘나라에서/ 내게로 드리워 주셨다." ('희고 눈부신 천 한 자락이'중에서) "당신이 대속해 주심으로/ 하늘나라의 문은 열리고 ('작은 베들레헴에 불이 켜진다.'중에서) "千 명의/ 합동 기도 속에/ 부글부글 끓어오르는/ 말씀의 바다를/ 나는 보았다." ('말씀을 전함으로 기독교인이 되자' 중에서) 등등 기독교 신앙을 시로 읊은 내용은 매우 많다. 하지만 여기서 다 다루지 않음은 주로 직접적인 효와의 연관성을 염두하며 시를 선택하였기 때문이다.

손이믄 / 아베 소원 풀어드리런만 / 저승길 배고플라요 / 소금에 밥이 나마 많이 묵고 가이소. / 여보게 만술 아비 / 니 정성이 엄첩다. / 이 승저승 다 다녀도 / 인정보다 귀한 것 있을락꼬 / 망령도 감응하여, 되돌아가는 저승길에 / 니 정성 느껴느껴 세상에는 굵은 밤이슬이 온 다. ('만술아비의 축문')

향토색 짙은 사투리를 사용하여 아버지에 대한 절절한 정을 토로 했다. 두 명의 다른 인물을 내세워 시를 전개했다. 경상도 방언으 로 어려서부터 켜켜이 쌓은 아버지와의 도타운 정과 사랑을 시에 담았다. 제사상도 온전히 갖추지 못하는 비록 가난한 삶이었지만 아버지에 대한 사랑은 절실히 배어 나온다.[157]

결국 박목월의 시에 가장 많이 등장하는 인물은 어머니라 할 수 있다. 시간적으로 아버지와의 경험보다 어머니와의 삶이 더 많았 던 것이 결정적 이유이다. 아버지 없는 이 땅에서 어머니와의 사랑 과 공경은 더욱 절절히 빛났다. 박목월은 별도로 시집 『어머니』에 74편을 담았으니, 어머니에 대한 절절한 마음이 어떠했는가를 알 려준다. 호칭도 다양하다. '어머니' '어머님' '어메' '엄마' 등등이다.

우리 내부內部에도 / 부드러운 입김이 서린다. / 잔잔한 눈매로 / 자 리잡는 모성母性 / 나의 등줄기는 / 곧게 뻗고 / 어머니의 아기들은 / 나뭇가지에서 천(千)의 눈짓을 / 보내고 있다. ('화예花蕊')

---

157) 김종태, 「박목월 시에 나타난 고뇌와 죽음」, 한국현대문예비평학회, 『한국문예비평연구』 58권, 2018년 6월, 19~20면.

갓난 아기와 / 눈을 맞추는 / 어머니의 눈에 넘치는 / 그 / 자애慈愛. / 어머니와 / 처음으로 눈을 맞추는 / 갓난 아기 눈에 서리는 / 무구無垢함. / 그리고 / 세상에서 가장 / 그윽한 / 갓난아기의 눈과 / 눈으로 속삭이는 / 어머니의 대화對話. '대對'

누구의 어머니가 되었든 모성애는 한 가지이다. 거기서 자란 아이들의 모습은 '천의 눈짓'이란 표현이 흥미롭다. 어머니의 자녀 사랑은 누구나 하나이다. 부모의 같은 사랑을 받았어도 자녀들의 부모에 대한 생각은 각기 다르다는 게 재밌다. 부모의 자애慈愛, 곧 모성母性은 한결같지만, 자녀들의 부모에 대한 효도는 각기 다를 수 있다는 생각이다. 그래도 어린아이의 천진무구한 눈빛만으로도 어머니는 행복하고 즐겁다. 공자는 『논어』「위정」에서 '색난色難'을 말하며 온화한 얼굴빛도 효라고 했다. 넓게는 따뜻한 얼굴, 기쁘고 즐거운 모습이 효라는 것이다. 여기서 어린아이의 눈빛으로 어머니는 행복하고 즐거우니 어린아이의 무구無垢한 눈빛은 곧 효도가 되는 셈이다.

어메야 / 복福이 따로 있나 / 뚝심 세고 / 부지런하면 사는 거지 ('천수답天水畓')

먹고 사는 게 힘들던 시절 부지런히 사는 것을 복이라 여겼던 시대상이 담겼다. 앞선 시에서 모성이 담겼다면 여기서는 부지런히 열심히 살아야할 자녀들의 효도의 정성을 담았다. 그 효란 뚝심 있게 부지런히 사는 것이고, 그것을 복이라 표현한 내용이다.

엄마가 / 아기를 낳는 새벽 / 오마 조마 기다리는 할머니의 / 치맛
자락을 / 나는 / 꼭 쥐고 있었다. ('아기를 낳는 새벽에')

『맹자』「이루상」에서는 '무후無後' 곧, 자식 없는 것을 가장 큰 불효
라고 했다. 자식도 아들을 말했다. 아들 낳는 것이 효의 가장 소중
한 덕목이었다. 그랬으니 그 시절 어머니의 아기 낳기는 일상이었
다. 박목월은 할머니 치맛자락 잡고 어머니의 산고産苦를 함께 느끼
며 이를 시로 표현했다. 아기 낳은 것이 어머니의 효도라면 어머니
의 아픔을 함께 나누는 것은 아들 박목월의 효도라 할 것이다. '위
대한 모성'[158]에서 비롯한 효경孝敬의 연속이라 할 수 있다.

여자가 아기를 낳는 것은 아름다운 일이다. / 분만의 괴로움을 거
쳐 / 비로소 당신의 정결淨潔해진다. / 당신 안에 생명生命을 잉태孕胎하
고 / 육성育成하고 분만하면 / 아아 / 어머니다. / 여자의 탈을 벗고 /
생명生命을 기르는 그 큰 / 자연의 아름다운 질서를, / 그 음악을. / 벌
써 당신은 나의 연인戀人이 / 아니다. 잉태의 세계를 체험體驗한 / 마리
아. 그리고 나의 연무戀慕는 변질變質한다. / 새로운 꽃밭위에 / 조용한
마리아를 우러러 본다. / 그 감동. ('축복祝福')

여자와 어머니는 다르다. 여자는 남녀 구분할 때의 큰 개념이라
면, 여자라고 다 어머니가 되는 것은 아니다. 여자는 어머니가 될
수 있지만, 모두가 어머니가 되는 것이 아니란 뜻이다. 아기를 낳

---

158) 허영자, 「박목월의 시에 나타난 가족의 의미」, 한국국어교육학회, 『새국어교육』65권,
2003년, 498면.

아야 어머니가 된다. 아기를 분만한 어머니는 더 이상 일반적인 여자가 아니다. 아기를 낳는 것은 축복이다. 새 생명을 만든 어머니는 그래서 복되다고 한 것이다. 애당초 동양에서 아기 낳는 것을 효라고 말한 것도 하늘이 준 축복이기 때문이다.

> 올 해 / 어머님 / 연세가 얼마시더라 / 혼자 꼽아 보는 손 ('정월 초
> 하룻날')

『논어』에서는 부모님의 나이를 아는 것도 효도의 기본 항목이라 하였다. 어머님의 나이를 헤아려보면서 한편으론 기쁘고 한편으론 슬픈 생각이 드는 것이 자녀의 마음이라 했다. 장수하시는 부모님을 생각하면 기쁘지만, 이제 사실 날이 얼마 남지 않았다는 생각이 함께 미치면 슬퍼진다는 이야기이다.[159] 효도를 위해서는 날을 아껴야 한다는 '애일愛日'이란 말도 나왔다. 효도할 날이 많지 않다는 이야기이다. 건강을 기원하며 보살피는 것이 효도의 당연한 구체적 실례가 되는 것도 그런 점에서 마땅하다. 앓아누운 어머니를 바라보며 하나님께 기도하는 정성어린 모습에서 부모공경의 모습이 그려진다.

> 수건으로 머리를 동여매고 / 어머니는 아랫목에 앓아누워 계시고 /
> (중략) / 밤은 길고 길었다. / 끙끙 앓는 어머니 머리맡에 / 무릎을 모아
> 앉아 있으면 / 나의 정성만으로는 / 어머니의 병이 낫지 않을 것만 같

---

159) 『논어』 「이인」: 父母之年, 不可不知也. 一則以喜, 一則以懼.

은 / 불안한 밤을 / 의지해 보는 / 하나님의 이름. / 약을 다리며 밖으로 나오면 / 우중충한 봄밤을 / 지붕 저 편으로 달무리가 기울고 있었다. ('겨울 밤')

아픈 어머니를 지극 정성으로 간호하며 혹시 낫지 않을까 염려하고 초조해하는 아들의 간절한 마음이 시에 남았다. 그 옛날 효자들의 부모공경의 극단적 선택이 '할고단지割股斷指'와도 같은 자기희생이었다면, 또 그것이 효험이 있다면 박목월도 그 이상도 일을 하였을 것이다. 하지만 박목월의 선택은 절대자 하나님을 의지하고 자신이 최선을 다해 간호하고 치료하는 현실적·합리적 선택이었다.[160] 어머니에 대한 절대적 공경심에서 나온 발로이다.

이런 법도 있는 가정의 따뜻한 사랑을 받으며 박목월은 어린 시절부터 문학적 상상력을 키웠다. 어느 날 친구가 산골에서 자란 그에게 한 번도 가 본 적이 없는 낙동강과 바다이야기를 전해주었다. 이를 들은 박목월은 강과 바다를 상상하며 글을 썼다. 1932년 16세 때, 동요시인으로 등단할 때의 이야기다.

　　송아지 송아지 / 얼룩 송아지 / 엄마 소도 얼룩소 / 엄마 닮았네.
　　('얼룩송아지')

대한민국 사람이라면 누구나가 불렀을 '송아지' 노랫말이다. 아

---

160) 박목월은 '겨울 밤'이란 시에서 "아랫목에/ 주무시는 어머니의/ 고르고 편안한 숨소리."라고 표현하며 아플 때의 어머니와 편안할 때의 어머니를 달리 표현하며 공경심을 시에 담았다.

마도 이 노래를 모르는 사람은 없을 것이다. 하지만 '송아지'가 박목월의 시에 붙여 만든 동요라는 것을 아는 사람은 많지 않다. 이노래는 비록 간단한 내용이지만, 거기엔 분명한 메시지가 담겼다. "엄마 닮았네." 그 어머니는 자애로운 존재이자 위대한 존재였다.

> 아스팔트 길이 길이 아니 듯 / 인간人間이라 불리우는 것에 / 사람이 없었다. / 적당하게 길들인 / 인간人間의 수풀 속에서 / 사람이 아쉬울 때, / 도로포장 공사장 구석에서 / 한 여인은 / 그 든든한 젖무덤을 내놓고 / 아기에게 젖을 물리고 있었다. / 일그러진 그녀의 눈매. / 그녀의 포옹. / 어머니로서의 자애. / 환하게 불을 밝히고 있었다. ('사람에의 기원' 중에서)

열려진 공간에서 가슴을 드러낼 수 있는 여인의 용기는 그가 어머니이기 때문이다. 어머니의 자애慈愛, 모성母性이 있기에 스스럼없이 젖무덤을 내놓을 수 있다. 오로지 자신의 자녀를 사랑하는 열정이 이런 행동을 가능케 한다. 거기엔 어떠한 부끄러움도 없다. 모성의 위대함을 노래한 것이다. 이렇게 애지중지 키운 아이가 학교에 갔다. 학교에 다니는 아이를 위한 어머니의 위대함은 또 있다. 이것도 시로 표현했다.

> 그것을 무엇이라 명명할 것인가. / 다만 어린 것의 손을 잡고, / 앞으로, / 보다 높은 세계로, / 맹목적으로 달리는, / 안으로. / 타오르는 이 꺼질 날 없는 불덩이를 / (중략) / 그것은 달리는 것에 열중하고 달리는 것으로 열중하여, / 앞으로, / 보다 높은 세계로 달리는. / 나이

든 줄도 모르는, / 다만 그의 손을 잡고, / 달리는 달리는. / 그 인생의 보람. / 그 빛나는 모성의 하늘. / 이마에 얹은 것은 사과가 아니다. / 하늘이 베푸는 스스로의 총명. / 그것은 다만 어린 것의 손을 잡고. / 보다 높은 삶의 세계로 줄달음질치는, / 그것은 회의하지 않는다. / 그것은 망설이지 않는다. / 다만 줄달음질치는, / 이 백열적인 질주 / (중략) / 이 아름답고 눈물겨운 본능. ('모성'중에서)

만국기 펄럭이는 운동장에서 부끄럼도 잊고, 아이 손을 잡고 달리는 어머니의 모습을 생생하게 그렸다. '빛나는 모성'이다. 모성의 위대함을 노래했다.[161] 어머니의 자녀사랑은 맹목적 본능일 수도 있다. 주저함이나 망설임 없이 자녀를 위해 한없이 타오르는 어머니의 자녀사랑이 이런 행동으로 드러난다. 노트 한권 선물로 받기 위한 줄달음이 아니라, 아이의 미래를 향해 함께 달리는 어머니의 본능이다. '앞으로…' '세계로…' 주변 시선 아랑곳 하지 않고 '백열적인 질주' 본능이 솟아나는 것은 모성 때문이다. 그것은 아름답고 눈물겨운 어머니의 마음이다. 그런 어머니에 대한 그리움은 인간이면 누구나가 가득하다. 박목월은 이를 시로 표현했다. 박목월의 효심이 시로 표현된 것이다.

마음에 그려 보는 / 어머니는 / 갸름한 얼굴에 / 가는 눈썹. / 웃는 모습이 / 삼삼하구나. / 젊은 날의 / 어머니는 예쁘셨구나. / 마음에 그려보는 / 어머니는 / 웃으실 때 / 고운 입매, / 옥양목 버선에 / 하

---

161) 허영자, 「박목월의 시에 나타난 가족의 의미」, 한국국어교육학회, 『새국어교육』65권, 2003년, 499면.

얀 고무신 / 문득 떠오르는 / 늙으신 모습 / 눈시울이 적셔지는 / 잿빛 백발. ('마음에 그려보는')

달빛에 나부끼는 / 갈잎에 살아나는 하얀 어머니의 / 얼굴. ('갈밭 마을의 명주고름 같은')

박목월은 어머니의 모습을 그리며 젊은 시절과 나이 드신 모습을 각기 다정하게 표현했다. 젊으셨을 때의 곱고 예쁜 모습이 나이 들어 잿빛 백발로 변한 어머니의 모습을 그리며 눈시울을 붉힌다. 절절히 어머니를 생각하는 효심의 발로이다. 그리고 자신을 보살펴 주시던 어머니의 자상한 손은 효심을 더더욱 구체적으로 자극한다. 이것이 형상화되면서 시어로 나온다. 손은 신체의 끝에 있으면서 온갖 잡다한 일을 하지만, 그 손은 인간만이 자유자재로 움직일 수 있는 신의 걸작중의 걸작이다. 인간에게 가장 소중한 것이 있다면, '마음' '심장'과 더불어 '손'이라 할 수 있다.[162] 그 중에서도 시인은 어머니의 손을 꼭 집어 시로 남겼다.

열이 오른 이마를 짚어 주시는 / 그 부드러운 손. / 두 손으로 / 나의 양손을 꼭 잡고 / 잘못을 타일러 주시던 / 그 굳센 손. / 방학에 돌아온 아들의 / 등허리를 어루만져 주시던 / 그 인자로운 손. / 육교陸橋를 건널 때 / 이제는 / 내가 잡아드리지만 / 앓아누워 계시는 어머니 / 머리맡에서 / 이제는 / 내가 잡아드리지만 / 그 여위고 거칠고 마른

---

162) 김은정, 「시 속에 구현된 신과의 만남」, 문예시학회, 『문예시학』 11권, 2000년 11월, 186면.

손이 / 아직도 / 나의 마음을 잡아 주시고 / 나의 영혼을 잡아 주시고 / 나를 잡고 놓지 않는 / 그 / 손. ('어머니의 손')

어머니의 '손'은 만능 손이다. 아픈 곳을 만지면 낫고, 잘못된 길을 타일러 주는 것도, 어루만져 주는 것도, 마음을 바로 잡아주는 것도 모두가 어머니의 '손'이다. 이런 어머니의 '손'을 활용하여 어머니와 아들의 정을 듬뿍 담은 시를 남겼다. 어려서는 어머니의 자애로운 손이 나를 감싸 주지만, 늙으신 어머니의 손은 내가 잡아드린다는 표현으로 『예기』에 나온 '부자자애父慈子孝'를 표현했다. "부모는 사랑하고 자녀는 효도한다."는 말, 하지만 동시적이기 보다는 나이에 따라 주객主客이 전도되었다. 젊은 시절 부모님은 자녀를 사랑하며 사랑을 주지만, 나이든 부모님에게는 자녀의 효도가 중심이다. 누가 주체가 되느냐의 차이가 있지만, 그래도 어머니와 아들의 손은 사랑과 공경의 마음으로 늘 잡고 있는 모습이다. 사랑과 공경은 일부 시간차이가 있지만, 상호적이라는 데 의미가 있다.

다. 자녀사랑

박목월은 1933년 잡지 『어린이』 봄호에 '통딱딱, 통딱딱'을 실으면서 동시작가로 출발했다. [163] 어린이를 사랑하는 마음이 시를 쓰는 계기가 된 것이다. 박목월 시에 표현된 자녀사랑은 역시 어머니

---

163) 김은정, 「시 속에 구현된 신과의 만남 - 박목월 론」, 문예시학회, 『문예시학』 11권, 2000년 11월, 177면.

가 중심을 이룬다. 어머니의 따뜻한 손길과 자상한 음성이 자녀를 안전하고 바른 길로 인도한다. 박목월은 이를 즐거움의 요정으로 표현했다. 즐거운 요정 어머니의 목소리는 춥고 힘든 날에는 따뜻하고 편안함을 안겨주는 힘이 있다.

구석마다 / 어머니의 음성. / 온 집안에 / 팔팔한 즐거움의 요정妖精 / 아무리 추운 날에도 / 아무리 고달픈 날에도 / 집에만 돌아오면 / 더운 물에 / 발을 담그듯 / 머리를 감듯 / 우리를 싸안아 주는 / 어머니의 음성 / 그 즐거움의 Fairy. 164) ('어머니의 음성')

오냐, 오냐, 오냐, / 어머니의 목소리로 / 얼음 밑에서도 살아나는 / 미나리 / 오냐, 오냐, 오냐, / 어머니의 목소리로 / 환하게 동이 트는 / 새날의 새벽. / 믿음과 긍정의 / 누리 안에서 / 훈훈하게 열리는 / 남쪽의 꽃봉오리 / 오냐, 오냐, 오냐, / 어머니의 목소리로 / 사방에서 들리는 사랑의 응답 / 오냐, 오냐, 오냐, / 어머니의 목소리로 / 우리는 흐뭇하게 / 멱을 감으며 / 오냐, 오냐, 오냐, / 어머니의 목소리로 / 동東에서 서西까지 / 먼 길을 가며.... ('신춘음新春吟')

164) '요정' '선녀'란 뜻이다. 시의 앞에서는 요정(妖精), 한자로 썼고 뒤에서는 영어로 써서 동서언어를 하나의 시에 함께 썼다. 근현대 시기의 당시 사회상을 보여주는 한 실례이다. 요정이란 말은 유럽 중세시대 처음 등장하여 문학작품에서 많이 사용했다. 요정은 사람보다 아름답고, 오래 살지만, 영혼이 없기 때문에 죽으면 그것으로 끝이다. 종종 바뀌친 아이를 남겨놓고 어린애를 요정의 나라로 데려가기도 한다. 요정과 사람이 서로 사랑하면 결혼도 가능했다. 하지만 이럴 경우 제약이 있다. 결혼생활이 끝나거나 사람이 목숨을 잃는다. 요정은 사람과 크기가 같거나 작다. 아주 작은 것은 10cm 정도 밖에 안 되는 요정도 있다. 고추나물과 서양가시풀은 요정을 물리치는 힘이 있고, 산사나무, 현삼화, 금방망이는 요정들이 아끼는 것이기 때문에 이것을 함부로 다루면 보복을 당할 수도 있다. (송영규, 「프랑스 구전문학에 나타난 요정연구」, 프랑스학회, 『프랑스학연구』통권 제26호, 2003년)

어머니의 자식 사랑은 "오냐, 오냐, 오냐"란 소리에서 읽을 수 있다. 그 대답은 차가운 얼음 밑에서 자라나는 미나리와도 같다. 환하게 동트는 새벽녘의 믿음과 긍정의 목소리, 꽃소식을 전해주는 훈훈한 소리와도 같다는 박목월의 시적 표현 속에서 자녀사랑의 따뜻함이 묻어난다. 이 때 자녀 사랑은 박목월이 자녀의 입장이었다. 이렇게 자란 박목월이 어른이 되었다. 자녀가 아닌 부모입장에서 자녀를 키우며 있었던 일화 속에서 박목월의 자녀사랑을 찾을 수 있다.

박목월이 결혼하고 아이들이 아직 어릴 때의 일이다. 머리맡에 두었던 백원이 없어졌다. 방안에서 돈이 없어졌으니 틀림없는 아이들 소행이었다. 내버려두는 것은 교육상 좋지 않은 일이라 생각한 박목월은 돈의 소재를 밝히기로 결심했다. 초등학교 1학년부터 대학원 2학년까지 다니는 아이들을 모두 불러 모았다. 모두가 초롱초롱 말똥말똥 한 것이 귀엽고 순수한 아이들이었다. 그래도 바로 잡아야하겠다는 생각에 어린 꼬마부터 하나하나 몸수색을 시작했다. 그 때 갑자기 중학교 1학년 아이가 배가 아프다며 "아버지, 변소에 갔다 와야겠어요."라고 말했다.

범인을 짐작한 박목월은 몸수색을 중지했다. 그리고는 자녀들에게 비록 아버지의 돈이라지만 돈을 훔친다는 것이 얼마나 나쁜 짓인가를 타이르고는 돌려보냈다. 변소의 작은 틈에서 백 원짜리 지폐를 찾은 박목월은 넉넉하지 못한 용돈으로 돈에 욕심을 낸 자녀를 이해하면서도 그냥 내버려 둘 수도 없는 일이었다. 심사숙고 끝에 양심에 호소하기로 하고 백 원짜리 지폐와 흡사한 종이에 편지를 썼다. "아버지의 돈이지만, 허락 없이 가진다는 것은 도둑질과 다름이 없다. 만일 이런 버릇이 자라면 장래에 큰 일을 저지를 수 있다. 그러나 죄는 고백하면 사함을 받는 것이다. 내게 자백하도록 하여라." 이렇게 쓴 편지를 돈을 숨겼던 곳에 꽂아두었다.

다음 날 새벽, 누군가 잠을 깨웠다. 중학교 1학년에 다니는 바로 그 아이였다. 밤새 잠 못 이루며 고민하다 어머니에게 "어머니, 그 돈 제가 훔쳤어요." 고백했다. 아내는 아들과 함께 기도를 드리고, 일은 마무리 되었다. 박목월과 그 아내의 자녀교육 방법 속에 드러난 자녀사랑의 방식을 보여주는 실화이다. [165)

다음은 맏아들 박동규가 전하는 내용이다. 명문학교 입시에 실패한 자녀에게 박목월이 전한 훈훈한 내용이다. "아버진, 네 실력이 충분한 줄 알고 있다."라고 위로한 내용이다. 그래도 고개를 떨구는 아이의 손을 꼭 잡고는 "이번 시험에서는 네가 좀 실수했나 보다. 우리 2차 시험 다시 쳐보자. 2차 때는 실수 없이 시험치도록 해. 꼭 합격할거야." 여전히 눈물을 흘리는 아이의 이부자리를 깔아주며, "걱정 말고 푹 자"라며 위로하는 박목월에게서 아버지의 넓은 마음과 자상함을 발견할 수 있다.

역시 박동규가 아버지 박목월의 친구들과 경주 불국사와 토함산을 갔을 때를 회고한 내용이다. 달아 빠진 고무신을 더 이상 신을 수 없자, 어머니가 시집올 때 입고 온 비단 치마를 잘라 몇 번이고

---

165) 박동규, 『아버지와 아들』, 대산출판사, 2007년. 이하 인용문은 이 책에서 따왔다. 참고로 박동규는 박목월의 맏아들이다.

고쳐가며 신을 만들어 신었지만, 오래가지 못하고 자꾸만 벗겨졌다. 아들이 그냥 맨발로 아버지를 따라나선 이유였다. 같이 온 여자아이가 "얘 발 좀 봐, 맨발로 걸어 다녀서 먼지가 뽀얗게 앉았네." 하면서 "발바닥 아프지 않니?" 물었다. 창피한 아들 동규는 고개를 숙이고 아무 소리도 못했다. 여자아이는 엄마치마를 당기면서 또 그 얘길 했다. 이번엔 그 아이 어머니가 "아프지 않니?" 물었다. "안 아파요."하는데 아버지가 그 모습을 보고는 동규를 데리고 숲속으로 들어갔다. 야단맞는 줄 알고 긴장하고 있던 아들을 끌어안은 아버지는 "얼마나 발이 아팠나?" 하며 눈물을 흘렸다. "아프지 않아요."하자 박목월은 "이놈아, 내가 너의 아버지다. 아프면 아프다고 해도 괜찮아."라고 하시더니 아들을 업고 토함산에 올랐다는 이야기이다. [166)]

역시 아들 박동규가 12세 때의 일을 회고한 내용이다. 6.25가 터지고 아버지 박목월은 남쪽으로 피난가고 어머니와 박동규의 형제들이 어렵게 생활하며 수원 쪽으로 피난 갔다가 다시 서울로 돌아오던 때의 일이다. 먹을 게 없어 초근목피로 연명하다 마지막 남은 재산이었던 재봉틀을 팔아 쌀을 사서 짊어지고 오는데, 어떤 젊은이가 나타나 "무겁지?" 하며 대신 져주겠다고 했다. 박동규는 "아저씨 고마워요"하고는 뒤를 쫓았다. 어찌나 빨리 걷던지 어머니와 거리가 떨어졌고, 어린 박동규는 젊은이를 믿고 열심히 따라갔다. 갈림길에 이르자 박동규가 "여기서 엄마를 기다려야 해요. 짐을 내려

---

166) 김덕균, 『한국 기독교를 빛낸 사람들』, 다른생각, 2016년, 129면.

주세요."했지만, 젊은이는 얼굴 표정이 달라지면서 "그냥 따라와" 하면서 빠른 걸음으로 사라졌다고 한다.

길에 주저앉아 엉엉 울고 있는데, 한참 후 어머니가 오셨다. 오시자마자 "쌀 어디 갔니?"라고 해서, 대충 자초지종을 말했다. 오랫동안 입을 열지 않고 서 계시던 어머니가 다가와서는 "내 아들이 똑똑하고 영리해서 엄마를 버리지 않았네."라며 어깨를 토닥거렸다. 아들 박동규는 억울하고 서러워서 큰소리로 엉엉 소리내어 우는데, 어머니는 "전쟁이 끝나 아버지가 너희들을 찾아왔을 때 자식을 버리지 않은 엄마가 되게 해주어서 얼마나 고마운지 모르겠다. 내 아들이 똑똑하고 영리해서 엄마를 살렸네."라고 하며, 함께 울던 어머니를 회상했다. 자녀사랑과 부모공경의 정이 넘치는 일화들이다.[167]

이런 일화들은 다시 시로 승화되었다. 자녀사랑의 정이 듬뿍 담긴 서정성이 돋보이는 시들이다.

엄마하고 길을 가면 나는 키가 커진다. / 엄마하고 얘길하면 나는 말이 술술 나온다. / 그리고 엄마하고 자면 나는 자면서도 엄마를 꿈에 보게 된다. / 참말이야, / 엄마는 내가 자면서도 빙그레 웃는다고 하셨어. ('엄마하고')

이렇듯 박목월의 어머니는 박목월의 삶에 매우 소중한 존재였다. 어머니는 아들 박목월을 위해서 기도해 주시고, 평생을 성경에

---

167) 김덕균, 『한국 기독교를 빛낸 사람들』, 다른생각, 2016년, 130~131면.

붉은 언더라인을 그으시며 지내셨다. 어머니의 자녀사랑이 신앙적 실천행위로 드러났다면, 그 고마움과 공경함의 효실천은 박목월의 시에 담겼다. 한마디로 어머니의 사랑은 기도이고, 박목월의 효도는 어머니를 그리는 시로 드러난 것이다. 그리고 이것이 대를 이어 전해지면서 박목월과 그 아내의 신앙심과 효성심이 되었고, 또 그것이 다시 그 자녀들에게로 이어지면서 사랑과 공경의 효, 그리고 신앙실천이 어우러지면서 대대로 계승되었다. 어머니는 하나님 나라와 박목월의 삶에 가교 역할을 하였던 것이다.[168]

라. 가족사랑

박목월의 작품 속에 나타난 가족사랑의 중심에는 어머니가 있다. 가정의 중심이자 삶의 구심점에 따뜻하고 자상한 모성이 구체적으로 표현되었다. 그렇다고 아버지에 대한 회상이 없다고 말할 수는 없다. 모두가 소중한 가족이기 때문이다. 그래서 박목월과 그 가족은 아침만은 온가족이 함께 먹었다고 한다. 아침은 제일 먼저 나가는 사람 시간에 맞춰야 하기 때문에 때론 새벽상도 받았다. 그때마다 박목월은 "이게 우리 가족이군."[169]하고는 함께 기도하고 식사를 했다. 식탁은 특별히 목공소에 주문 제작한 둥근 상이었다. 둥근 상은 가족 구성원 한 사람 한 사람을 존중하며 소중히 여기는

---

168) 조규찬, 「박목월 시에 나타난 기독교적 상상력 연구」, 문예시학회, 『문예시학』 23권, 2010년 12월, 149면.

169) 박동규, 『아버지와 아들』, 대산출판사, 2007년. 앞에서처럼 이하 인용문은 이 책에서 따왔다.

박목월의 특별한 생각에서 나왔다. 가족 구성원에 대한 존중과 배려가 묻어난다.

한번은 박목월이 생일을 맞자 아내가 생일상을 차렸다. 예배를 드리며 박목월은 고개 숙여 간절히 기도하는 어린 자녀들의 모습을 보면서 보람을 느꼈다. 본인도 자녀들을 위해 부드럽고도 은은한 기도를 드렸다. 그날 쓴 일기에 "내가 태어난 세상이 아무리 냉혹하다 하더라도 나의 탄생을 나는 감사하지 않을 수 없다. ― 산다는 것은 너무나 즐거운 일이기 때문이다. 물론 즐겁다는 것은 속된 의미의 '락樂'을 뜻하는 것이 아니다. 실로 '산다'는 것이 괴롭고, 답답하고, 끝없는 고난의 연속이요, 무거운 짐일지라도, 그것이 고난의 연속이므로 더욱 즐겁다는 것이다. 만일 인간에게 주어진 삶의 길이 평탄하기만 한 것이라면 삶의 보람을 우리는 찾을 길이 없으리라."고 하며 인생의 가치를 말했다.[170]

박목월의 가족은 이렇듯 작은 일이든, 큰 일이든 일이 생길 때마다 예배를 드리고 기도했다. 특히 사랑하는 아내가 수술할 때에는 온가족이 모여 정성스럽게 가정예배를 드렸다. "어머니를 주님께서 지켜 달라."는 간절한 기도가 이어졌다. 수술대에 오른 아내는 오히려 가족과 남편을 위해 기도했다. 참으로 눈물겹고도 아름다운 장면이다. 아내의 이 기도를 들은 박목월은 "끝내 자기의 병이나 생명보다 남편이나 자식을 생각하는 그의 크고 깊은 인종忍從의 부덕婦德"이라 생각하며, 이런 상황을 표현했다.[171] 그래도 남편의

---

170) 김덕균, 『한국 기독교를 빛낸 사람들』, 다른생각, 2016년, 131면.
171) 김덕균, 『한국 기독교를 빛낸 사람들』, 다른생각, 2016년, 131~132면.

아내를 생각하는 간절한 마음은 시에 담겼다.

> 병원으로 가는 긴 우회로 / 달빛이 깔렸다. / 밤은 에테르로 풀리고 / 확대되어 가는 아내의 눈에 / 달빛이 깔린 긴 우회로 / 그 속을 내가 걷는다. / 흔들리는 남편의 모습. / 수술은 무사히 끝났다. / 메스를 가아제로 닦고.... / 응결하는 피 / 병원으로 가는 우회로 / 달빛 속을 내가 걷는다. / 흔들리는 남편의 모습 / 혼수 속에서 피어올리는 / 아내의 미소 (밤은 에테르로 풀리고) / 긴 우회로를 / 흔들리는 아내의 모습 / 하얀 나선 통로를 / 내가 내려간다. ('우회로')

아내의 수술을 소재로 삼은 시이다. 우회로는 직선로와 대비된다. 우회로에서 아내를 생각한 깃은 상징하는 바가 있다. 하지만 '아내의 미소'는 우회로를 완전히 벗어난 생명의 경지이다.[172) 가족의 질병만큼 큰 고통이 있을까? 함께 아파하고 걱정하는 마음은 시에 잘 드러나 있다. 연말연시 가장 큰 소원은 가족 건강이다. 가족 사랑이 무엇보다 절실히 다가오는 건 그만큼 삶에 있어서 중요하기 때문이다.

박목월과 아내의 만남에는 에피소드가 있다. 성년이 되어 혼담이 오갈 때 박목월은 수많은 여인들과 선을 보았다. 한번은 회사일로 진주에 갔다가 다시 경주 고향으로 돌아오는데, 기차 안에서 한 처녀와 동석해서 가볍게 인사를 나누고 헤어졌다. 다시 진주로 출장 가서 하룻밤을 묵는데, 꿈속에 한 노인이 나타나서 아내 될 사

---

172) 김종태, 「박목월 시에 나타난 고뇌와 죽음」, 한국현대문예비평학회, 『한국문예비평연구』 58권, 2018년 6월, 18~19면.

람의 성이 유씨임을 알려주었다. 그러다가 이듬해 경주 불국사 경내를 산책하다 우연히 직장 동료를 만났다. 일행 중 동료의 처제가 작년 기차에서 만난 처녀였고, 그녀가 공주에서 올봄 여학교를 졸업한 18세의 처녀로 이름이 유익순이라는 사실을 알게 되었다. 박목월은 진주에서의 꿈을 생각하며 유익순과의 만남을 운명적으로 받아들였다. 박목월의 어머니는 유익순이 매우 신실한 크리스찬임을 알고는 두 사람의 만남을 반겼다. 결국 두 사람은 공주제일교회 예배당에서 결혼식을 올리고 일평생 동반자로 인연을 맺었다.[173]

아내 유익순 여사의 회고에 의하면 박목월은 잠시 외도한 일이 있다. 30대 청장년 시절의 이야기이다. 마음으로 박목월을 흠모하던 여인이, 다정다감하던 박목월을 찾아와서 자연스레 어울리던 두 사람이, 급기야 제주도로 가서 동거생활을 시작했다. 그런 생활이 넉 달째 될 무렵이었다. 부인 유익순 여사가 제주로 내려가서 두 사람을 만났다. 그녀는 아무 싫은 소리도 않고 두 사람이 입을 겨울 한복과 생활비를 내놓았다. 그러자 두 사람이 고개를 떨궜다는 일화가 전한다. 물론 다시 가정을 찾은 박목월이 이전보다 더 환한 얼굴로 충실한 가장의 몫을 다했지만, 뜻밖의 뒷이야기를 훗날 아내가 용기 있게 회고한 것이다.[174]

박목월의 아내 모습을 통해서 함부로 뗄 수 없는 가족의 끈끈한 정을 확인하게 된다. 아마도 그것이 가족을 생각하는 어머니의 정

---

173) 박현수, 『박목월』, 새미작가론총서 14, 새미, 2002년
174) 김덕균, 『한국 기독교를 빛낸 사람들』, 다른생각, 2016년, 132~133면.

신이고 모습일 것이다. '인고忍苦의 모성'[175]을 표현한 작품에 잘 드러나 있다.

> 굴비를 건석어乾石魚)라 한다. / 마른 갯가의 돌 같은 굴비 / 소금에 말린 것이 / 굴비뿐이랴 마는 / 살림에 쪼들린 / 한국의 어머니 할머니 / 하얗게 소금이 되는 / 짜디짠 살림살이에 굴비 / 굴비는 생선이라기보다 / 모질디 모진 의지의 화신 / 알뜰하고 규모 있는 생활의 / 유념성 있는 / 대롱대롱 달려서 / 오늘은 / 우리 어머니가 굴비로 화한다, / 우리 할머니가 굴비로 화한다. / 눈물겹도록 고마운 / 교훈적인 간석어 / 우리 가정에 소중한 굴비 ('굴비')

온갖 세파를 견디고 견뎌 만들어진 굴비에 어머니와 할머니를 비유했다. 가족사랑의 모습은 그 누구보다 어머니와 할머니의 삶으로 대변할 수 있다. 시에 그리고 있는 전반적인 내용이 비록 여성주의적 관점에서는 문제가 있지만, 그것이 한국 전통의 가족이었고 가정의 모습이었다. 가난과 추위를 몸으로 견디며 무엇보다 가족을 우선하는 어머니와 할머니, 그 모습이 굴비와 닮았다는 시인 박목월의 착상이 흥미 있다. 가족사랑의 단단함은 결국 어머니와 할머니의 '인고의 모성', 곧 '모진 의지의 화신'[176]으로 형상화한 것이다.

---

175) 허영자, 「박목월의 시에 나타난 가족의 의미」, 한국국어교육학회, 『새국어교육』65권, 2003년, 497면.
176) 허영자, 「박목월의 시에 나타난 가족의 의미」, 한국국어교육학회, 『새국어교육』65권, 2003년, 498면.

한번은 박목월의 아내 생일날이었다. 아내가 유난히 자신의 생일상에 신경을 썼다. 새 며느리를 보았으니 전과 달라야 한다는 것이다. "우리가 생일을 소홀히 하면 그들이 시부모의 생일을 대수롭잖게 여기게 될 것 아녜요."라는 게 그 이유였다. 일종의 부모 섬김의 본보기를 보여주기 위한 상차림이었다. 일리 있다고 생각한 박목월은 목사님을 모시고 "생일 감사 예배를 드리자." 하고는 사돈댁도 초청을 했다. 박목월은 아내 생일날의 분위기를 '단란한 가족의 합심'이란 표현으로 일기에 남겼다. 이런 가족의 소중함에 대한 박목월의 생각은 시작품에도 남았다. 가족을 얼마나 소중하게 생각했는지 알려주는 내용이다. 이런 가족사랑은 형제애에도 강하게 담겼다.

단추는 오형제, / 내 양복저고리에 정답게 달렸습니다. / 그들이 형제라는 걸 나는 처음에 까맣게 몰랐습니다. / 한 개가 떨어져 버리게 되자, / 남은 네 개의 쓸쓸한 모양, / 비로소 한 탯줄에 태어난 오형제임을 나는 알게 되었습니다. / 단추는 오형제, / 내 양복저고리에 정답게 달렸습니다. ('단추')

단추가 다섯 개인 양복저고리 얘기로 가족 한 사람 한 사람의 소중함을 다뤘다. 다섯 개의 단추 가운데 하나라도 사라지면 네 개 모두 문제가 된다는 기묘한 발상이 시에 담겼다. 형제의 소중함을 말했듯, 모자간의 정겨운 장면도 시에 담았다.

바다로 기울어진 사래 긴 밭이랑 / 아들은 / 골을 타고 / 어머니는 씨앗을 넣는다. / ﹙중략﹚ / 진실로 / 어느 시대이기로니 / 젖과 꿀이 흐르는 고을이 있으리요마는 / 밭머리에 나란히 벗어 둔 / 두 켤레 신발에 / 나비 한 마리. / 해는 한낮으로 달아오르고 / 음력 삼월 초순의 / 눈부신 조망眺望을 / 사래 긴 밭이랑 끝에 남빛 바다의 잔잔한 고임. ('바다로 기울어진')

어머니와 아들이 함께 일하는 장면이 아름답게 묘사되었다. 아들은 골을 만들고 어머니는 거기에 씨앗을 파종하는 장면이다. 함께하는 작업이니 두 사람의 협동은 매우 중요하다. 서로에 대한 배려가 일을 쉽게 할 수 있도록 만든다. 이 장면을 시인은 '젖과 꿀이 흐르는'[177] 낙원으로 묘사했다. 더욱이 두 사람이 벗어놓은 밭머리 두 켤레 신발이 가족이자 모자인 두 사람의 협력공동체가 정겹게 다가온다. 때론 어머니 홀로 일을 나가신다. 그렇다고 자녀의 몸과 마음이 편한 것은 아니다. 일 나간 어머니를 그리며 또 걱정하면서 쓴 시도 가족사랑의 단면을 보여준다.

들일 나가시면 어머니는 언제나 늦으셨다. / 마을 뒤로 돌아 / 길목에서 기다려도 기다려도 / 어머니의 모습은 / 보이지 않았다. / 어둑어둑 저무는 하늘에 / 금빛과 잿빛의 저녁 비둘기 산 비둘기. / 눈물 어린 눈에 한 줄기 이어오는 / 들 건너 / 먼 마을의 불빛. / 기다림에 지쳐 / 혼자 허전허전 집으로 돌아오면 / 잇따라 어머니가 / 거짓말처럼 오셨다. / 배 고프제? / 서둘러 어머니가 밥을 지으시는 / 아궁이의 불빛 / 아른거리는 그림자, 밤 그림자. ('산비둘기')

---

177) 출애굽기 3장 7절~8절, 신명기 11장 10절~15절.

가족 간의 끈끈한 정이 물씬 묻어나는 작품이다. 일 나간 어머니를 기다리는 자녀의 아른한 모습이 작품에 담겼다. 가족이기에 가능한 일이다. 가족 간 사랑이 없다면 이런 절절한 마음을 갖기 어렵다. 가족사랑의 이미지가 강하게 담겨 있는 시작詩作이다. 그런 어머니와 자식이기에 나이가 들어도 그 사랑하는 마음은 더 짙어진다. 남남이라면 시간이 흐르면서 미움이 쌓여 거리가 멀어질 수도 있지만, 가족이란 끈끈한 정이 모자母子 사이를 더 가깝게 한다.

쉰이 넘어도 / 아들의 마음은 아들의 / 마음. / 어머니가 그리운, / 내 얼굴 윤곽에도 / 눈매에도 / 근심으로 주름지는 / 눈초리의 가는 주름살에도 / 살아나는 당신의 모습. / 백합뿌리에는 백합이 움트고 / 참배나무에는 참배가 열리는. ('지순至純한 길')

오래 되어도 정이 더 짙어지는 것은 가족이다. 한동안의 미움도 시간이 흐르면 모두 녹아내린다. "피는 물보다 진하다."는 말이 있다. 혈육의 끈끈한 정은 무엇보다 강인하다. 나이 들어 오히려 그리움이 더해진다. 효도를 다하지 못했는데 어버이가 돌아가시어 효도하고 싶어도 효도할 수 없는 슬픔을 '풍수지탄風樹之歎'[178]이라 말한다. 갈수록 효도의 정이 깊어 감을 말한다. 같은 뿌리에서 나온 가족이기 때문이다. 가족은 바라만 보아도 생각만 해도 뭉클한 감정이 샘솟는다. 하물며 이름을 부르기라도 한다면 그 마음은 더

---

178) 원래 "나무는 조용하고 싶으나 바람이 멈추지 않고, 자녀는 봉양하고 싶으나 부모는 기다려 주지 않는다."(樹欲靜而風不止, 子欲養而親不待)는 말에서 나왔다. 『한시외전(韓詩外傳)』과 『공자가어(孔子家語)』에 있다.

욱 간절해진다.

　　우리 어머니는 / 서럽고 서러운 분이었다. / 부수수 바람에 흩날리
는 / 귀밑머리. / 어머니! / 어린 날에 내가 / 어머니를 부를 때마다 /
일손을 멈추고 / 머리카락을 쓰다듬어 올리는 것이 / 그 분의 버릇이
었다. / 나도 서럽고 서러운 소년이었다. / 어머니! / 하고 큰 소리로
부르고 싶은 / 마음의 절반은 / 마른 침과 함께 삼켜버리는. / 그런대
로 / 어린 날에 나는 행복했다. / 항상 나의 둘레가 / 어머니의 숨결로
/ 따뜻함을 느끼는..... / 그런대로 / 어머니도 행복하였으리라. /
사四남매를 / 자기의 품안에 깊이 / 보듬어 안고 사시는 / 우리 어머니
는 / 서럽고 서러운 분이었다. / 하지만 / 서러운 어머니와 / 서럽고
서러운 아들이 / 함께 자는 밤은 / 늘 행복했다. ('모자母子')

　　엄마의 손을 잡고 함께 걸은 / (중략) / 어머니와 함께라면 못 갈 곳이
없는. / 어머니와 함께 간 / 불국사佛國寺 아랫마을. / 개울이 있었지. /
건너편 강마을의 하얀 안마당 / 외가에선 사흘밤 / 엄마하고 지냈다.
/ 아사녀의 전설은[179] / 엄마하고 들었다. ('아사녀의 전설')

---

179) 백제 사비성에는 이름 난 석공 아사달이 살고 있었다. 아사달은 아사녀를 아내로 맞이한
지 얼마 안 되어 신라로 떠났다. 신라에서는 한창 짓고 있는 불국사에 석탑을 만들러 간
것이다. 불국사를 지은 김대성이 뛰어난 석공 아사달을 초청한 것이다. 아사달은 탑을
쌓으며 온갖 정성을 다했다. 한 두 해가 흘러 3년만에 거의 탑이 완성되고 있었다. 집에
서는 3년이 되어도 아사달이 돌아오지 않자 아내 아사녀는 남편을 찾아 서라벌로 떠났
다. 그런데 탑이 완성되기 전까지는 여자를 들일 수 없다는 금기가 있었다. 남편 찾아 먼
길을 찾아온 아내 아사녀는 혹시나 먼 발치서라도 남편을 보기 위해 불국사 문 앞을 서
성거렸다. 이를 목격한 한 스님이 말했다. "여기서 얼마 떨어지지 않은 곳에 자그마한 연
못이 있소. 지성으로 빈다면 탑 공사가 끝나는 대로 탑의 그림자가 못에 비칠 것이오. 그
러면 남편도 볼 수 잇을 것이오." 그 날 이후로 아사녀는 온종일 연못을 들여다보면서 탑
의 그림자가 비치기를 기다렸다. 그러난 탑의 그림자는 보이지 않았다. 상심한 아사녀는

내용 속 '아사녀의 전설'은 부부간의 따뜻한 사랑을 담고 있다. 이 시 전체의 내용은 모자간의 사랑을 담았다. 부부, 모자의 공통점은 모두가 가족이란 점이다. 전반적인 내용이 결국은 가족사랑을 절절하게 표현한 것이다.

이렇듯 세상에서 가장 아름다운 모습은 어머니와 아들, 곧 가족이 함께 있을 때이다. 각각은 각각의 처지에서 외롭고 서럽고 힘들지만, 함께 있으면 모든 것을 다 잊고 행복하다. 낮에는 각자의 처소에서 힘든 싸움을 하더라도 함께 자는 밤에는 행복이 찾아 왔다. 가족이 함께하기 때문이다.

마. 나라사랑

박목월은 1940년 봄 동경유학을 떠났다. 두 달간 문학수업을 받다가 불현듯 "시는 남에게서 배우는 것이 아니라 혼자 공부해서 스스로 터득할 수 밖에 없는 세계"라는 것을 깨닫고는 고향으로 돌아왔다. 시는 자각自覺에 의한 자득自得의 경지이지 밖에서 터득하는 게 아니란 사실을 깨달은 것이다. 당시는 일제 식민치하 말기로 접

고향으로 돌아갈 기력조차 사라졌다. 결국 그녀는 남편의 이름을 부르면서 못에 몸을 던졌다. 탑을 완성한 아사달은 아내 아사녀의 이야기를 듣고는 연못으로 달려갔다. 하지만 아내는 이미 물에 빠진 뒤였다. "연못에 석탑 그림자가 떠오르기만 기다리다가 연못에 몸을 던졌다오."라는 말을 듣고는 안타까워하며 연못을 떠나지 않았다. 아내를 그리워하며 못 주변을 방황하고 있는데, 아내의 모습이 순간 홀연히 앞산 바위와 겹치면서 나타났다. 웃는 듯 하다가 사라지고 인자한 모습의 부처님 모습으로 나타났다가 사라졌다. 이후로 아사달은 커다란 바위에 아사녀의 모습을 새겼다. 이후로 아사달이 새긴 아사녀의 모습은 자비로운 미소를 띤 부처상이 되었다고 한다. 그리고 아사달이 쌓은 탑은 끝내 그림자를 비추지 않았다 해서 '무영탑(無影塔)'이라 하였다.

어드는 때였고, 수많은 지식인들과 지도자들이 탄압을 받아 고초를 겪을 때였다. 동아일보와 조선일보가 폐간되고 문학잡지들도 연달아 폐간되던 암흑시절이었다.

억눌린 민족의 설움을 시와 글로 표현하던 문인들의 손발을 묶어 놓은 것이다. 하지만 박목월은 나라 잃은 울분을 글로써 달랬다. '밭을 갈아' '나그네' 등이 그 때 쓴 시들이다. 망국의 설움을 비극적이고도 자조적인 시어가 아닌 그만의 자연을 통해 저항정신을 표현했다. 1945년 그토록 갈망하던 해방의 기회가 찾아왔건만 감격도 잠시, 좌익과 우익으로 또다시 나라가 갈렸다. 이 때 박목월은 김동리의 권유로 우익단체인 청년문학가협회에 가입했다. 이른바 청록파 시인으로 불리는 조지훈, 박두진과의 만남의 시작이다. '청노루'와 같은 자연지향의 예술적 작품을 연달아 발표하며 이념으로 멍들고 있는 이 땅의 백성들의 마음을 순화했다.[180]

".... 청노루 맑은 눈에 도는 구름."(청노루 뒷부분) 일제 말기 암흑기의 막다른 골목에서 "체념과 자연 몰입의 세계를 시대적 배경 아래서 봐주었으면"하고 박목월은 자신의 시를 해명했다. 우리가 아는 노루는 누런빛 아니면 검은빛에 가까운 노루이지만, 박목월은 푸를 청靑자를 써서 청노루라 했다. 흑암 같은 천지를 푸른 노루의 맑은 눈으로 바라보며 비관적 삶을 부정한 것이다. 역시 일제 암흑기에 쓴 '나그네'란 시에서 "나루를 건너서 외줄기 길을 구름에 달 가듯이 가는 나그네 길은 달빛 어린 남도 삼 백리. 구비마다 여울이

---

180) 김덕균, 『한국 기독교를 빛낸 사람들』, 다른생각, 2016년, 134~135면.

우는 가람을 바람에 달 가듯이 가는 나그네."라 한 것도 민족의 앞날을 자연에 빗댄 문학적 표현이다. 조국을 상실하고 희망을 잃은 이 땅의 사람들에게 달관의 경지 아닌 희망의 경지를 말했다. 막다른 골목을 만난 이들을 '산이 날 에워싸고'(청록집) 있다지만, 그래도 밭 갈고 씨 뿌리며 희망을 일구며 충실한 삶을 살자는 노래이다.

1950년 6월, 북한의 남침은 한국사회를 다시 한 번 아픔의 현장으로 몰아갔다. 박목월은 가족과 떨어져 대구로 피난 갔다가 3년간 공군부대 종군 문인단 일원으로 복무했다. 자신의 문학적 재능을 가지고 나라를 구하는데 헌신한 것이다. 당시 인민군은 박목월을 잡으려고 수배하였지만, 찾지 못하고 대신 박목월의 부인을 잡아 가뒀다. 남편의 행적을 대라는 추궁을 받았지만, 아내는 아무 말도 못했다. 안다 해도 말할 수 없지만, 남편의 행적을 알지 못했기 때문이다. 어려움에 처한 박목월의 아내를 구해준 사람은 박목월의 제자였다. 마침 인민군 치하의 경찰서에 근무하던 박목월의 제자가 몰래 풀어준 것이다.[181] 동란 당시 쓴 글이다.

"사변을 당하게 되자, 나는 시를 생각할 여유가 없었다. 시를 쓰려는 의식보다 더 강렬한 - 애국심이랄까, 적에 대한 적개심이랄까, 혹은 신에 대한 울부짖음이랄까, 그와 같은 격정과 분노의 직접적인 불길에 휩싸인 것이다. 그것을 시로써 정화시키려는 의욕도 용기도 없었다." ('보랏빛 소묘', 신흥출판사, 1958)

---

181) 김덕균, 『한국 기독교를 빛낸 사람들』, 다른생각, 2016년, 135~136면.

피비린내 나는 전쟁의 소용돌이 속에서 솟구치는 애국적 열정을 정작 본인은 시로 정화시키려는 의욕도 용기도 없었다고 말하지만, 실제 그는 『청록집』을 통해 함축된 언어로 민족과 나라에 대한 원려遠慮를 드러냈다. '한'과 '아픔'을 감추고 자연의 푸르름을 통해 여전히 희망을 노래한 것이다.

다음 내용은 1962년 12월 17일 국민투표 하는 날 박목월이 쓴 일기이다. 그 날 국민투표로 개정된 헌법에 의해 이듬해 대통령 선거와 국회의원 선거를 치렀다. 여기서 역사의 굴곡을 언급하고 평론하는 것은 연구의 방향과 성격상 옳지 않다. 다만 시인 박목월의 시와 사상에 나타난 애국심만을 찾아볼 뿐이다. 먼저 박목월의 일기 내용을 살펴보자.

"순서대로 서서 자기 차례를 기다리는 것이 내게는 국민적 권리와
의무를 의미한다. 나는 3천만의 대열 속에서 내 순서를 지켜야 하며,
또한 내 의무를 행하면 된다.... 한 사람의 겨레로서 자기의 위치를
확고하게 지키고, 그 의무를 충실히 할 수 있는 것 - 그것이 내게 있
어서는 애국정신과 통하고, 모든 국민이 그러기를 나는 바란다."

박목월은 국민투표 참여가 애국이라 말했다. 어느 것에 누구에게 도장을 찍든 자기의 신념과 소신을 도장에 담아 표현하는 것이 민주주의의 기틀이고, 나라를 세우는 일이라 생각했다. 도장 하나를 누르는 것이 사소한 일 같지만, 민주주의 발전에 이보다 더한 엄숙한 의의가 없다고 말했다.

바. 자연사랑·환경보호

　박목월을 청록파 시인이라 명명케 한 근간에는『청록집』이 있다. 학자들은『청록집』의 특징을 '자연의 재발견'[182] 차원에서 의미 있게 설명하고 있다. 한편에선 '자연의 재발견'이라기보다는 '풍경의 재발견'[183]이라 해야 정확하다는 말도 있다. 풍경이란 눈에 보이는 시각적 자연사물과 눈이란 몸의 시각적 주체가 만날 때 형상화 된다. 따라서 풍경은 시각적·외부적 존재가 아니라 의식 주체의 자각自覺 속에서 형성되는 것이라 말한다.[184] 보이는 자연이 아닌 느끼는 자연을 말한 것이다. 같은 자연이라도 그때그때의 마음에 따라 달리 보이는 것을 풍경으로 표현한 것이다. 일종의 '정신현상精神現象'[185]이다. 눈에 보이는 객관적 사물을 인간의 감각을 활용한 주관적 세계로 환원한 것이 풍경風景이란 것이다.

　『청록집』박목월의 시에 나타난 자연을 풍경으로 묘사한 데에는 이런 의미가 숨겨져 있다. 이렇듯 시에 시인의 가치와 시대를 함께 담았기 때문에『청록집』은 20세기가 낳은 '하나의 고전'[186]이라 하는 말도 나왔다. 비록 자연을 형상화 하였어도 그 이면에 여러 상징성을 투영하고 있기 때문에 박목월의 자연시는 시대의 자화상이

182) 김동리,『문학과 인간』민음사, 1997년, 46~58면.
183) 최승호,「『청록집』시의 풍경 연구」한국현대문예비평학회,『한국문예비평연구』41권, 2013년 8월, 206면.
184) 李孝德 저, 박성관 역,『표상공간의 근대』소명출판, 2002년, 42면.
185) 강영조,『풍경에 다가서기』효형출판, 2003년, 27면.
186) 최승호,「『청록집』시의 풍경 연구」한국현대문예비평학회,『한국문예비평연구』41권, 2013년 8월, 207면.

란 것이다. 거기엔 시인의 궁극적 목적이 서려 있다. 연구자는 그 것을 하모니, 효孝의 관점에서 조망하려고 한다.

방초봉芳草峰 한나절 / 고운 암노루 / 아랫마을 골짝에 / 홀로 와서 / 흐르는 냇물에 / 목을 축이고 / 흐르는 구름에 / 눈을 씻고 / 열두 고 개 넘어가는 / 타는 아지랑이 ('삼월')

방초봉, 암노루, 냇물, 구름, 고개, 아지랑이 등등 눈에 보이는 시 각적 자연을 시어로 썼다. 동시적, 낭만적 자연서정시로 보이지만, 여기에는 추구하는 유토피아가 있다. '방초봉'이란 향기로운 꽃들 이 자라는 봉우리이다. 하지만 여기에는 우리가 꿈꾸는 유토피아 가 있다. 인간이 그리는 낙원이다. 동양에서는 옛날부터 신선들이 사는 세계를 낙원이라 했다. '방초봉'에 표현된 세계는 모두가 행복 한 효하모니 공동체[187] 곧, 유토피아를 그리고 있다. 암노루가 아랫 마을 골짜기로 내려와 목을 축인다는 것은 모두가 평화로운 시대 에 어떠한 적대감도 없는, 그래서 해침이 없는 역시 행복 하모니 공 동체를 상징한다.

머언 산 청운사靑雲寺 / 낡은 기와집 / 산은 자하산紫霞山 / 봄눈 녹으 면 / 느릅나무 / 속잎 피어가는 열두 구비를 / 청노루 / 맑은 눈에 / 도 는 / 구름 ('청노루')[188]

---

187) 여기서 '효하모니 공동체'란 최성규 목사가 말하는 모두가 행복한 세상을 말한다.
188) 권혁웅, 「박목월 초기 시에 나타난 여백의 의미와 기능 - '나그네', '청노루'를 중심으로」, 민족어문학회, 『어문논집』 78권, 2016년, 208~211면에서 '청노루'의 여백의 의미를 흥미

청운사, 낡은 기와집, 자하산, 청노루 등의 풍경언어를 사용한 시이다. 모두가 자연의 일부로 보여 지지만, 여기에는 상징성이 녹아 있다. 자하산은 포근히 은신할 수 있는 아늑한 곳이다. 청노루는 구김살 없는 생명의 한 상징으로 이상적인 생명의 고향을 표현했다.[189] 일제 강점기라는 불행한 시절을 풍경 언어로 묘사하며 해소하고 있다. 전체적으로 자연의 언어를 활용한 시대상의 반영이다. 청노루는 청운사와 자하산이란 이상세계에서 노니는 동물이다. 이상세계의 유토피아 공동체에서 노닐고 싶지만 고뇌에 찬 이 세상의 혼란은 그것을 허락하지 않는다. 열두 고비가 상징하는 것은 고뇌에 찬 세상이다. 1930년대와 1940년대의 암울했던 사회를 이렇게 표현했다. 그래도 가야할 이상세계, 곧 해방되어야할 한반도의 앞날을 그리고 있다.

강나루 건너서 / 밀밭 길을 / 구름에 달 가듯이 / 가는 나그네 / 길은 외줄기

남도 삼 백리 / 술 익는 마을마다 / 타는 저녁놀 / 구름에 달 가듯이 / 가는 나그네 ('나그네')[190]

롭게 부연하고 있다. 단어를 채워 넣는 방식이 아니라 마이너스효과, 곧 '생략과 탈락'을 통한 여백의 미의 의미를 한껏 살린 시라는 것이다. 그런 가운데 리듬에 의해서 술어적 효과가 살아나면서 시의 운치가 돋보인다는 이야기이다.

189) 구명숙, 「박목월의 '청노루' - 동경과 환상의 이상향」, 국학자료원, 『한국현대시 대표작품 연구』, 1998년, 468면.

190) 이 시의 특징은 구마다 명사를 끊은 점이다. '나그네'에서만이 아닌 박목월의 다른 작품에서도 이런 점은 많이 보인다. 이는 시가 갖는 여백의 미를 살리기 위함이었다고 말한다. '의미와 감동의 액센트'를 쏠리게 하기 위함이었다. (권혁웅, 「박목월 초기 시에 나타난 여백의 의미와 기능 - '나그네', '청노루'를 중심으로」, 민족어문학회, 『어문논집』 78권,

향토적·목가적·전원적 풍경을 담았지만, 역시 이상적 세계, 곧 효하모니 공동체를 지향하고 있다. 인간은 누구나가 나그네와도 같은 존재이지만, 풍요로운 밀밭이 있고, 평화로운 저녁놀이 있는 그 세상을 향해 가고 있다. 작품의 배경은 작가 박목월의 고향 마을 모량리이다. 하지만 그의 고향 마을 모량리에 흐르는 하천은 거의 물이 흐르지 않는 건천乾川이다.[191] 물이 없으니 풍요로운 땅도 없다. 그래도 작품 속에서는 물이 흐르는 풍요로운 전원으로 그렸다. 척박한 농촌은 암울했던 일제 강점기를 그렸다면, 풍요로운 농촌은 앞으로 가야할 민족의 앞날을 그렸다

여기는 경주慶州 / 신라천년新羅千年...... / 타는 노을 / 아지랑이 아른대는 / 머언 길을 / 봄 하루 더딘 날 / 꿈을 따라 가면은 / 석탑石塔 한 채 돌아서 / 향교鄕校 문門 하나 / 단청丹靑이 낡은 대로 / 닫혀 있었다.
('춘일春日')

경주는 신라의 수도였다. 또 시인이 살아온 고향이자 정신세계의 근원이 되는 곳이었다. 그 옛날 아무리 번쩍이던 수도였어도 지금은 식민치하의 폐허로 변했다. 비록 노을은 붉게 타고 있어도 폐허 경주는 희망이 없다. 경주는 불국사를 비롯한 수많은 불교 유적과 유물들이 말해주듯 불교문화의 꽃을 피웠던 곳이다. 이런 꿈같던 경주에서 새로운 사회로 접어들었다. 석탑은 불교를 상징한다.

2016년, 201~208면)
191) 최승호, 「『청록집』 시의 풍경 연구」 한국현대문예비평학회, 『한국문예비평연구』 41권, 2013년 8월, 213면.

석탑을 돌아 향교로 향했다는 이야기는 불교문화에서 유교문화로 접어들었다는 상징이다. 통일신라와 고려의 불교가 조선의 유교 사회로 변했다는 뜻도 담겼다. 곧 우리 역사를 표현한 셈이다. 하지만 외골수 하나만을 고집하던 유교문화 역시도 낡을 대로 낡아 그 문이 닫혔다는 얘기 속에서 작가의 시대상과 사회상을 읽는다. 시 전체적인 분위기 속에서 시인의 그리움이나 애달픔과 같은 '애상성'과 '슬픔'의 정조가 깔려 있다. 연구자들은 이런 박목월의 시에 김소월의 영향이 있었다고 말하지만,[192] 그 중심에는 나라에 대한 우환의식憂患意識이 깊게 깔려 있다.

사. 이웃사랑·인류봉사

박목월의 이웃사랑, 인류봉사의 정신은 어려서부터 어머니로부터 받은 신앙교육이 그 이면에 깔려 있다. 어머니는 항상 올바르고 정직하게 살라고 교훈하면서 주변 어려운 이웃을 돌볼 것을 교훈하였다. 이런 정서는 작품 속에도 자연스럽게 반영되었다.

박목월의 시가 의미 있게 높이 평가받는 이유도 주변 사람에 대한 번민과 고뇌가 잘 형상화되었기 때문이다. 가족, 친구, 이웃에 대한 사랑과 관심이 작품 속에 잘 반영되었고, 다양한 이웃의 삶에 대한 곡절을 시 속에 담았다. 자연과 신과 인간의 삶 속에서 이웃에 대한 절절한 마음을 함축적으로 담은 것이다. 물론 직설적인 언

---

192) 곽효환, 「『청록집』의 일제 식민지말 현실인식 연구」, 한국문학연구학회, 『현대문학의 연구』 60권, 2016년 10월, 13면.

어표현이 아닌 감춰진 시어와 순박한 농촌의 전원풍의 분위기 속에서 이웃에 대한 절절하고도 따뜻한 감정을 표현하고 있다.[193)]

> 산이 날 에워 싸고 / 씨나 뿌리며 살아라 한다. / 밭이나 갈며 살아라 한다. / 어느 짧은 산자락에 집을 모아 / 아들 낳고 딸을 낳고 / 흙담 안팎에 호박 심고 / 들찔레처럼 살아라 한다. / 쑥대밭처럼 살아라 한다. / 산이 날 에워싸고 / 그믐달처럼 / 사위어지는 목숨 / 그믐달처럼 살아라 한다. / 그믐달처럼 살아라 한다. ('산이 날 에워싸고')

이 시는 박목월 시의 초기 작품으로 알려졌다. 내용은 얼핏 인간 삶의 세속성과 허무함을 노래한 듯하다. 산이라는 탈속의 공간에 세속을 초월해서 살라는 요청으로 들린다.[194)] 하지만 당시 시인의 시대적 삶을 돌아보면 이것은 주변 사람들을 끔찍이 생각하는 연민의 정이 담겼다. 일제강점기 암울한 삶 속에서 인간이 생명을 유지하는 것은 쉽지 않다. 이럴 때 가장 마음 편한 것은 산 속에 들어가 '씨나 뿌리며' '밭이나 갈며' 자연인처럼 사는 길이다. 누구에게나 인간은 살아가는 만큼 사위어지는 것이다.[195)] '그믐달처럼 사위어지는 목숨'이다. 이를 겸허히 받아들이며 이생의 삶을 영위하라는 주변 이웃을 향한 외침이 시에 담겼다.

이런 박목월의 시는 중기로 접어들면서 이웃과 인류에 대한 희로

193) 김종태, 「박목월 시에 나타난 고뇌와 죽음」, 한국현대문예비평학회, 『한국문예비평연구』 58권, 2018년 6월, 12면.
194) 신용협, 『現代韓國詩硏究』, 국학자료원, 1994년, 327면.
195) 김종태, 「박목월 시에 나타난 고뇌와 죽음」, 한국현대문예비평학회, 『한국문예비평연구』 58권, 2018년 6월, 13면.

애락喜怒哀樂과 우여곡절이 더 형상화되었고, 더 구체적으로 이루어졌다. 자연을 바탕으로 이뤄졌던 초기 작품들과 비교하면 중기 시들은 주변 이웃들의 일상과 공동체적 삶에 대한 연민의 정이 깊게 배어 있다. 인간적인 체취와 휴머니즘을 표현한 것이다. [196]

> 관棺이 내렸다. / 깊은 가슴 안에 밧줄을 달아 내리듯 / 주여 / 용납하옵소서. / 그 후로 / 그를 꿈에서 만났다. / 턱이 긴 얼굴이 나를 돌아보고 / 형님! / 불렀다. / 오오냐 나는 전신으로 대답했다. / 그래도 그는 못 들으리라. / 이제 / 네 음성을 / 나만 듣는 여기는 눈과 비가 오는 세상. / 너는 어디로 갔느냐. / 그 어질고 안쓰럽고 다정한 눈짓을 하고 / 형님! / 부르는 목소리는 들리는데 / 내 목소리는 미치지 못하는 / 다만 여기는 / 열매가 떨어지면 / 툭 하고 소리가 들리는 세상.
> ('하관')

자신보다 먼저 죽은 동생을 보내며 쓴 시이다. 전반적인 이미지는 삶에서 죽음으로 이어지는 것을 표현했다. 여기에 형제간의 따뜻한 연민의 정을 담았지만, 거기에 그치지 않았다. 인류의 생사生死를 함께 담아 인생 전반의 삶과 죽음을 노래했다. 단절과 연속이 시어로 표현되었다. 나는 말하지만 상대는 들리지 않고, 상대는 표현하지만 내가 인식하지 못한다. 하지만 거기에는 보이지 않는 사랑의 선이 맥을 이어주며 인류애적人類愛的 사랑으로 의미가 확산된다.

---

196) 김종태, 「박목월 시에 나타난 고뇌와 죽음」, 한국현대문예비평학회, 『한국문예비평연구』 58권, 2018년 6월, 16~17면.

주변 이웃과 친구들에 대한 서정을 담은 시도 있다. 역시 직접적인 만남이나 관계를 표현하기 보다는 서가에 꽂힌 책을 통해서 은유적으로 그 정을 담았다.

　　친구들이 서가에 나란하다. / 외로운 서재 / 등불 앞에서 / 나와 속삭이려고 이런 밤을 기다렸나보다. / 반쯤 비에 젖은 / 그들의 영혼 / (중략) / 나도 외롭다. / 한권을 뽑아 들면 / 커피점에서 만난 그분과는 / 사뭇 다른 / 다정한 눈짓 / 외로울 때는 누구나 정다워지나 보다. / 따뜻한 영혼의 미소 / 때로 말씨가 서투른 구절도 있군 / 그것이야 대수롭지 않은 겉치레 / 벗기고 보면 / 아아 놀라운 그분의 하늘 / —— 가만히 / 나는 책을 덮는다. ('얘기에 싫증이 나서가 아닐세')

　　돌아앉아 / 그분의 말을 생각해 보려고 그래. / 과연 인생은 이처럼 서운한가, 하고 / 때로는 긴 밤을 생각에 잠겨 밝히면 / 새벽 찬 기운에 / 서가는 아아한 산맥 / 친구는 없고 / (중략) / 골짜기에 만년설 눈부신 영하. ('서가')

　시인의 서가에는 다양한 책들이 꽂혀 있다. 책들마다 각각의 저자가 있고, 그 가운데는 친구도 있고, 이웃도 있다. 그들과 직접 만나는 것은 아니지만 책을 통해 만난다. 처음 대수롭지 않게 만났지만 막상 세세히 들여다보면서 정이 더 깊어지기도 하고, 그 반대의 경우도 있다. 하지만 친구와 이웃이기에 그를 배려하고 존중하는 마음이 시에 담겼다. 잠시 책을 덮었다고 그 와의 관계가 덮인 것은 아니다. 그가 하는 말이 싫증나서 그런 것도 아니다. 그분의 말을 곰곰이 되새기며 돌아보려는 심사이다. '따뜻한 영혼의 미소'가 느껴진다. 이웃과 친구, 나아가 인간을 바라보는 시인의 마음이 시에 담겼다. 그런 마음이 단지 작은 마음에만 담긴 게 아니다. '아아 한 산맥'을 이룰 정도로 크게 담겼다. 친구와 이웃에 대한 마음에서 보편적 인간, 나아가 인류애를 여기서 찾게 된다.[197]

박목월의 '서가'에서 성경 7효의 이웃사랑, 인류봉사를 찾는 것은 이 시의 궁극적 이상에 인류애人類愛를 담고 있기 때문이다. 서가에 꽂힌 다종다양한 책과의 만남은 단순 저자와 독자의 만남이 아닌 친구, 이웃, 인류와의 화해和諧, 조화調和의 만남이기 때문이다. 그들과의 '영혼의 미소'를 떠 올리며 친밀하게 다가가는 것이다. 이런 주변 이웃과의 화해의 지평은 비록 세상은 새벽의 '차가운 기운'이 감돌고 '만년설'이 눈부셔도 결국은 따뜻한 '영혼의 미소'로 녹이면서 마감할 수 있다는 희망이 감지된다. 궁극적인 '화해의 지평'이다.

2. 기독교 신앙 중심의 박두진의 7효 사상

가. 하나님을 아버지로 섬김

박두진이 기독교 신앙을 갖게 된 것은 18세 때 서울로 올라올 즈음이었다. 박두진 본인의 말을 인용하면, "사람은 왜 사는가? 사람

---

197) 김종태, 「박목월 시에 나타난 고뇌와 죽음」, 한국현대문예비평학회, 『한국문예비평연구』 58권, 2018년 6월, 21면.

은 왜 났는가? 왜 죽는가? 왜 서로 싸우는가? 어떻게 사는 길이 가장 바르게 옳게 훌륭하게 사는 길인가?"를 고민할 때이다. 그 때 박두진은 서울로 올라와 종교의 문을 두드리며 기독교를 선택한 것이다.

> "그러나 나는 마침내 문학, 시야말로 종교와 함께 인간 혼을 근본적으로 움직이고 정화시키고 고무하고 행복하게 하는 첩경이며 참다운 길이며 강력한 무기(?)라고 생각하게 되었다. 시야말로 신이 인간에게 내려준 가장 큰 은총의 한 가지이며, 그러므로 오히려 인류를 보다 더 행복하게 하는데 공헌하고 보다 더 많은 영광을 시로써 선_神에게 돌려야 할 것이라는 신념과 결론에 도달하였다."[198]

박두진은 청년시절 문학과 종교를 함께 접한 것이다. 종교와 문학은 불가분의 관계가 되어 인생의 전반을 좌우한 것이다. 문학의 세계와 기독교적 신앙의 세계가 하나로 연계되었음을 알게 된다. 문학을 노래하며 기독교적 이상을 추구하였던 것이다. 국가관으로서는 민족, 세계관·가치관으로서는 기독교라는 맥락을 갖게 된 것이다. 문학세계도 이런 흐름에서 정리되었고, 시 작품도 그런 방향으로 나아갔다. [199]

신앙을 갖게 된 이후로 박두진 시의 주체 중심에는 '하나님', '예수그리스도'가 차지했다. "예수그리스도 복음에 자신을 젖어 있게

---

198) 박두진, 『시와 사랑』, 신흥출판사, 1960년.
199) 신용협, 『現代韓國詩硏究』, 국학자료원, 1994년, 226면.

하는 것이 소원"[200]이라고까지 하였다. '하나님'이라는 초월적, 절대적 주권자의 의미가 그의 시 작품에 깔려 있다. 초월적 중심의 가운데 삼위일체 하나님이 존재하고 있다. 역사의 주관자로 하나님을 묘사하고 있다. [201] 청록파 시인 가운데 단연 박두진이 가장 많이 풍경을 노래하였고, 그 이면에는 자연을 창조한 '하나님'이란 절대자가 존재하고 있다. '하나님'의 절대 주권아래 풍경이란 상징성과 은유적 방식으로 시를 썼다. 이는 이 땅에 도래해야할 '하나님 나라'였다. 광복의 모습이자, 우리가 회복해야할 낙원, 곧 에덴이었던 것이다. [202] 에덴은 자연임과 동시에 낙원으로서 현실비판 의식의 준거였고, 추구해야할 이상향이기도 하였다. 여기서 자연이자 낙원은 관념적 대상이면서도 도덕적 성격을 지닌 최고의 파라다이스, 곧 이상향이었던 것이다. [203]

같은 기독교인이라도 박목월의 시는 동양의 전통과 자연관에 뿌리를 두고 전개되었다면, 박두진의 시는 기독교 세계관에 입각한 자연과 신을 함께 노래하는 것이었다. [204] 박두진의 작품세계를 소재로 삼분해서 말한다면 '자연' '인간' '신'이라 말할 수 있다. 물론 궁극적인 소재는 신의 찬미이다. [205] 자연예찬은 자연사랑의 발로

200) 김용직, 『한국현대시사2』, 한국문연, 1996년, 530면.
201) 최승호, 「『청록집』 시의 풍경 연구」, 한국현대문예비평학회, 『한국문예비평연구』 41권, 2013년, 8월, 225~226면.
202) 최승호, 「『청록집』 시의 풍경 연구」, 한국현대문예비평학회, 『한국문예비평연구』 41권, 2013년, 8월, 227~228면.
203) 박철희, 『박두진』 서강대출판부, 1996년, 231면.
204) 곽효환, 「『청록집』의 일제 식민지말 현실인식 연구」, 한국문학연구학회, 『현대문학의 연구』 60권, 2016년 10월, 20~21면.
205) 박두진, 『시와 사랑』, 신흥출판사, 1960년, 76면.

이고, 인간의 소중함은 부모공경, 자녀사랑, 가족사랑, 나라사랑의 발로이다. 그리고 궁극적 목표에는 신에 대한 존숭이 있다. 7효의 관점에서 보자면 하나님을 아버지로 섬기는 신앙이 가장 중심이었다. 그의 이상은 기독교적인 사랑, 평화, 자유, 정의, 진리 등의 실현에 있었다.

인간이 아무리 뛰어난 존재라도 하나님의 피조물에 지나지 않다. 인간이 잘난 척하는 것은 오만일 뿐이다. 지혜가 있고, 선하다 하더라도 그것 역시 하나님께는 오만일 뿐이다. '십자가 사랑의 연가-해빙기解氷期의 기도'의 시에 잘 표현되었다.

> 우리들 어리석은 자로 하여금 / 당신 앞에 / 스스로 착각하여 / 지혜로운 자로 알지 않게 하소서. / 우리들 스스로의 지혜로 / 당신 앞에 / 더욱 더 오만하여 / 어리석은 자로 되지 않게 하소서. / 손바닥으로 / 저 하늘의 해를 가려 / 아직도 밤이라고 우기지 않게 하시고, / 한줌의 썩은 지푸라기 / 한줌의 진흙으로 / 도도한 때의 흐름 / 벅차고 뜨거운 역사의 장강을 / 막으려 하지 않게 하소서. / 저 발톱 / 저 어금니 / 저 울음 소리 / 걸음걸이 꼬리털 그대로 드러낸 채 / 한낮의 이 거리를 / 언제나 양의 탈로 횡행橫行하는 짐승 / 다시는 이리에게 속지 않게 하소서. / 골짜기 응달 / 숲속에 / 숨어서 덫 놓고 / 절컥절컥 총을 재는 밀렵꾼 몰이꾼, / 아, 열 사람 의인 / 다섯 사람 의인 / 한 사람의 의인으로 더디하시는 / 하느님, 하느님, / 그 노하심을 아직도 더디하소서. / 오래 참고 견뎌온 당신의 백성들 / 바르고 옳은 것 / 아름답고 착한 것을 바라고 기다리되, / 착함으로 약했고 / 참음으로 어리석은 / 누구도 자처하여 의인일 수 없었던, / 삼천만 오천만 / 우리

들의 가슴 속에 불을 활활 주소서. / 눈물 펑펑 주소서. / 그 자유 그 승리 / 당신 앞에 일제히 함성하게 하소서. ('십자가 사랑의 연가-해빙기解氷期의 기도')

근현대 사회 한자와 한문이 여전히 공부와 학문의 일부를 차지하던 시절, 박두진은『천자문』을 공부했다.[206] 집에서 배웠든 동네 서당에서 배웠든『천자문』은 학문의 입문서였다. 기독교 신앙이 강했던 박두진은『천자문』을 읽으면서 하나님의 모습을 발견하였다. 하늘 천天으로 시작하는『천자문』의 내용 속에서 하나님을 찾은 것이다.

하느님, 하느님, / 내가 더 어렸을 때에도 / 당신의 이름을 듣기는 들은 적이 있었습니다. / 그것은 하늘 천자, 나의 아버지가 / 처음『천자문』을 가르쳐 주신 여섯 살 때 / 배운 하늘의 하늘 천자로서 였습니다. ('머나먼 갈보리 그 뜨겁고 진하고 아름다운 말씀의 핏방울')

『천자문』의 '하늘 천天'자를 익히며 하나님을 알았다는 고백이다. 온갖 자연을 만드시고 운행하시는 하나님을 시로 찬미하며 어린 시절을 기억했다. 여섯 살 이전에도 한울님을 알고는 있었지만, 『천자문』을 배우면서 하나님을 분명히 알게 되었고, 특별한 체험도

---

206)『천자문』은 말 그대로 1천자로 된 고시(古詩)이다. 하룻밤 사이에 이 글을 만들고 머리가 하얗게 세었다고 해서 '백수문(白首文)'이라고도 한다. 이 책이 언제 우리나라에 들어왔는지는 명확하지 않다. 다만『일본서기』에 285년 백제의 왕인(王仁)박사가 일본에『천자문』과『논어』를 전했다는 기록이 있어 상당한 역사가 있었음을 알게 된다. 현재 가장 많이 읽혀지는『천자문』은 명필 한호(韓濩, 호는 石峯)의 글씨로 1583년 간행된 판본이다.

했다. "그 '하늘 천'자의 형태와 자획에서 오는 점잖고 높고 친근하면서도 어떻게도 할 수 없는 위엄…"('머나먼 갈보리~' 이하 생략)

박두진이 여섯 살 때『천자문』을 접하며 하나님을 알았음을 나중에 성인이 되어 시로 표현한 내용이다. 외부적 영향 없이 절대자에 대한 신앙을 자발적으로 알게 된 것이다. 그리고 여덟 살 때에는 복음서를 접했다. "아무도 없고 나만 혼자서 집을 보던 고요한 한낮에 오두막집 윗방에 있을 때였습니다. 사립문 밖에서 쩔렁쩔렁 종소리 흔들며 낯선 사람 하나 와서, 내가 나가자 건네주던 분홍색 한글 책, 손바닥 만한 복음책, 마태, 미가, 누가, 요한 중 그 한 가지이던 그 분홍색 겉장의 얇다란 복음책을 얼결에 받아들고 방으로 뛰어 들어 왔을 때 처음 나는 예수, 처음 나는 하나님이란 말을 듣고 보았습니다."[207]

복음 축호 전도자가 전해준 쪽 복음을 손에 든 박두진의 모습이 그려진다. 그 때 박두진은 예수, 하나님이란 글자를 보고는 자신도 모를 이상한 느낌을 갖게 되었다. 몰래 뒷방으로 들어가 복음서를 펼쳐서 읽었다. 그리고는 "이상스러웠습니다. 호기심과 증오감, 까닭도 모르는 배타심과 까닭도 모르는 두려움, 죄의식…"이라고 당시 기분을 묘사했다. 골수 유교적 가문에서 기독교의 성서를 읽는다는 것은 상상도 못할 일이었지만 박두진은 복음서를 읽고 신앙체험을 한 것이다.

---

207) 이상 인용문은 김덕균,『한국 기독교를 빛낸 사람들』, 다른생각, 2016년, 117~118면에서 재인용.

너무나 너무나 기이한 / 너무나 그것은 당연한 / 나 하나 하나의 나와 / 당신과의 만남. / 정말 정말 어떻게 / 나로 하여금 / 내가 당신을 만날 수 있게 하셨는지요

박두진이 하나님을 만난 체험적 신앙을 고백한 시이다. 어렸을 적 기억을 더듬으며 신앙세계를 처음 접한 당시의 묘한 기분을 그대로 살렸다.

"동양의 하느님, 서양의 하느님이 따로가 아니신, 유태의 하느님, 이스라엘의 하느님이 따로가 아니신, …. 우주 천지의 한 분이신 대주재자, 빛, 사랑, 진리, 영원, 말씀과 생명이신, 신이시며 인간이신, …."

그리고 그 하나님이 "한반도 역사 속에 오신" 분이라 고백했다. "골고다로부터 온 유대, 소아시아 지중해 유럽으로부터 아메리카, 아시아, 중국, 대동강, 평양, 선천으로부터 새남터 절두산"이라고 하며, 이스라엘에서 유럽, 미국을 거쳐 한반도 평양, 선천까지 기독교 전래 노정을 말했다.

절대 초월자에 대한 자발적 신앙을 갖게 된 박두진은 17살이 될 때까지 고향 안성에서 지내며 타고난 문학적 소양을 닦았다. 그리고 18세(1939)가 되자 박두진은 교회 문을 두드렸다. 이렇게 된 데에는 스물여섯에 세상을 뜬 누나의 영향이 지대했다. 청주의 한 공장에서 여직공으로 일하던 누나가 사흘이 멀다 하고 박두진에게 편지를 열댓 장씩 써서 보냈다. 편지 가운데에는 교회에 다닐 것과 글

쓰는 훈련을 계속할 것을 권유한 내용이 들어 있었다. 기독교 신자가 되고 시인이 된 것은 누나의 영향이 가장 컸다. 앞서 정리한 박목월에게서는 어머니의 영향이 가장 컸다면, 박두진은 누나의 영향이 컸다. 박두진의 부모님도 누나의 권면으로 신앙을 갖게 되었다. 누나 한사람의 믿음이 온가족을 구원한 것이다. "주예수를 믿으라, 그리하면 너와 네 집이 구원을 얻으리라."[208]는 말씀이 이뤄진 것이다. 한 사람이 예수를 믿으면 그 가족이 모두 구원의 길로 간다는 말이다. 예수를 영접한 부친은 자신을 구원의 길로 이끈 딸이 가훈이나 좌우명이 될 만한 것을 요청했다. 그 때 부친은 "너에게 따로 줄 말이 있겠느냐. 오직 성경의 가르침과 그리스도의 말씀을 믿고 따르고 행하라."(사랑의 끈, 1987)고 할 정도로, 부친 또한 열정적인 신앙인이 되었다.[209]

이제 박두진은 교회를 통한 신앙생활과 성경공부가 시작되었다. 당시 부흥강사로 이름을 떨치던 김익두 목사와 이성봉 목사의 영성 깊은 설교를 듣고 산으로 들어가서 금식기도도 했다. 신앙적 깊이가 달라지면서 신앙적 내용의 시들도 남겼다. 삶의 근원적 힘을 신앙에서 찾고, 가난과 일제 강점기의 비관적 현실도 신앙을 통해 극복해 나갔다.

　　당신은 나의 힘 / 당신은 나의 주 / 당신은 나의 생명 / 당신은 나의
　　모두 ('오도午禱')

---

208) 신약성경 사도행전 16장 31절
209) 김덕균, 『한국 기독교를 빛낸 사람들』, 다른생각, 2016년, 119~120면.

1998년 9월 16일, 윤리와 선비의 표상으로 기억되던 박두진 시인은 갈 수만 있고 돌아오지 않는 먼 여행을 "울지 말라"는 한 마디 말을 남기고 떠났다. 영원한 세계로 떠나는 신앙인의 진솔한 고백이었다. 하지만 그의 마음과 뜻은 작품으로 영영히 이 땅의 문학도들 가슴 속에 아로 새겼다. 또 그의 삶 가운데 보여준 신앙심, 효심, 애국심은 후대 따뜻한 빛으로 많은 이들의 삶 가운데 빛나고 있다.[210]

나. 부모공경

농촌의 어려운 환경에서 태어나 자란 박두진은 어머니의 자상한 가르침 속에 신앙의 눈을 떴고, 교육도 받았다. 어머니는 비록 배우지는 못했지만, 성경의 가르침대로 박두진을 양육하고 훈계하였다. 박두진 스스로의 고백에 의하면, "어머니는 섬세하고 능숙한 말솜씨, 아주 사실적인 묘사력과 풍부한 어휘력을 지니고 있었다."[211]고 했다. 박두진이 시인이 되는데 정서적으로 어머니의 영향이 컸다는 것이다. 이렇게 시인 박두진에게 어머니는 소중한 존재였다. 어머니를 부르면서 시작한 시를 통해서도 살펴보자.

"어머님, 어머님, / 반듯하고 너른 이마 둥글고 큰 눈 / 그때 우리 어머님은 수심에 찬 얼굴 / 단정하게 무릎 위에 바느질감 드시고 / 긴긴 해를 말이 없이 삯바느질만 하셨다. (중략)

---

210) 김덕균, 『한국 기독교를 빛낸 사람들』, 다른생각, 2016년, 123면.
211) 박두진, 『현대 시의 이해와 체험』 일조각, 1995년, 87면.

하루 한끼 죽, 혹은 두끼 죽, / 다른 식구 거둬 주고 스스로는 늘 줄여 / 눈 침침하고 손 떨리고 / 현기증이 나면, / 나 몰래 식구 몰래 / 가만가만 걸어나가 장독대로 가서 / 맨 간장물 / 물에 타서 훌훌 마시셨다."

바느질, 장독대란 어머니를 묘사한 시어이다. 바느질은 예로부터 "남자는 밭 갈고 여자는 길쌈한다."는 남경여직男耕女織의 사회구조 속에서 여성을 상징하는 표현이 되었다. 장독대 역시도 여자는 안 일, 남자는 바깥일의 구도에서 식탁을 책임진 여성의 상징이다. 여성가운데서도 장독대는 어머니를 상징한다. 시는 여기서 그치지 않았다. 어머니는 가족을 위해 늘 헌신, 희생하는 존재이다. 먹거리가 부족하던 시절 다른 식구들 챙기고는 자신은 죽으로, 그것도 곡기 없는 엷은 죽으로 때우기 십상이었다. 이렇게 굶주린 상태에서 눈이 침침해지고 손이 떨리면 장독대로 가서 간장을 퍼서 물에 타서 그것으로 허기를 달랬다. 가족위해 헌신, 봉사, 희생하는 존재로 어머니를 묘사했다. 그런 어머니에 대한 절절한 시인의 마음에 어머니를 그리며 공경하는 마음은 더욱 절실했다. 또 그것이 인간의 마땅한 도리였다.

어머니를 그리는 절절한 '거울 앞에서'란 시도 있다. 정겨운 어머니, 애절한 어머니, 자상한 어머니, 따뜻한 어머니, 가엾은 어머니....의 모습을 담았다. 모두가 일상적이지만 마음에 평안을 주는 단어들이다.

어머니를 생각하며 거울 앞에 선다. / 거울 속 먼 하늘 오월 푸르름 / 그 속으로 다가오는 / 어머니의 얼굴 / 희끗희끗 희신 머리 / 이마 에는 주름살 / 어글어글 크신 눈과 짧은 인중이 / 정정하고 인자한 옛 음성이 / 밥 먹어라. 등이 춥지 않니? / 차 조심해라. 너무 남의 앞장 서지 말어? / 에이그 쯧쯧? 몸조심하라니까? / 시장하지 않니? / 걱정 스런 큰 눈에 여위신 얼굴 / 억세어진 손마디에 작달막한 키 .... / 거 울 속 머얼리서 / 가까이로 오시는 / 어머니의 그 음성과 어머니의 그 모습 .... / 새벽이면 언제나 은은한 기도소리 / 밤이면 등잔불에 성 경책을 읽으시던 / 짬짬하게 굽고 앉아 / 삯바느질을 하시던, / 어머 니, 어머니, / 내가 아무리 어른이 되었어도 / 어머니를 생각할 땐 나 는 어린애 / 어머니의 그 품이 / 따스하게 그리운 --- / 아, 어머니를 생각하며 거울 앞에 선다. / 내 얼굴 모습 / 내 눈, 내 코, 내 턱이 닮 았다는 / 생각에 잠겼을 때는 외로 꼬는 고개 / 먼 데를 응시하는 / 그 버릇이 닮았다는 / 어머니가 보고 싶어 거울 앞에 선다. / 내 얼굴을 비쳐 보면 어머니의 모습 / 멀리서 가까이 가까이서 멀리로 / 눈앞에 어려 오는 어머니의 모습이 / 귓전에 삼삼 오는 어머니의 음성이 / 나 도 희끗 머리 세며 / 여위어 가는 모습 / 하늘 먼 거울 속의 푸르름이 어린 / 내 얼굴 그 뒤에서 어머니가 오신다. ('거울 앞에서')

일상 속의 어머니를 그린 시이다. 어린 시절 어머니의 모습, 다 컸어도 어머니는 여전한 어머니로 자녀 걱정하시는 모습이 잘 표 현되어 있다. 어느덧 시인 본인도 희끗희끗한 나이가 되어 거울 앞 에 서지만, 여전히 어머니의 모습이 거울 앞에 아른거린다. 어머니 의 사랑이 시인이 사랑하는 어머니가 되는 순간이다. 어머니 앞에 자녀는 늘 어린아이이다. 중국 고사이자 24효의 한 사람 노래자老
萊子를 떠올린다.[212] 본인도 나이 70이 되었건만 90노부모 앞에서는
어린아이와도 같이 행동하며 재롱떠는 모습이 효라고 하는 이야기
가 이 시 속에서 연상된다. 한편 박두진은 '장미의 노래'라는 시로
고향하늘 아래 어머니와의 아련한 기억을 되새기며 표현했다.

　내 여기 한 이름 없는 / 적은 마을에 태어나, / 바람과, 토양과, 부모
와, / 따사한 햇볕에 안겨 자랐으나, / 어머니의 젖, / 달큰한 젖의 품
을 벗어나, / 외따로 걷는 마을 길에 서서, / 처음 우러러 하늘을 볼 때
부터, / 이내 자고 새면 그리워 온 / 머언 그 / 또 하나 나의 하늘, / 바
람 부는 벌판, / 두견 우는 골짝, / 내 청춘은, / 한 사람 살뜰한 / 연인
도 없이 걸어와...... ('장미의 노래' 중에서)

　장미를 소재로 노래하는 가운데 은연중 고향과 어머니를 드러냈
다. 고향의 상징은 어머니의 품과도 같은 따뜻함과 어머니의 젖과
도 같은 달콤함이 있지만, 고향 하늘 아닌 타향의 하늘은 같은 하
늘이지만 전혀 다른, 멀게만 느껴지는 외로운 세계이다. 어머니와
의 정겨웠던 추억을 더듬으며 이로부터 벗어났을 때의 감회를 시
로 담은 것이다. 한편으로 박두진은 어머니를 '산'으로도 표현했다.
산과 같은 어머니 마음이다. 모든 것을 품어주는 풍성한 마음을 '
산'으로 묘사했다.

---

212) 김덕균 편역, 『그림으로 읽는 동양의 효문화』 문사철, 2010년, 2. 희채오친(戲彩娛親) 참조.

"산의 정, 산의 마음, 산의 인자仁慈와 산의 지혜, 거기에 있고, 다만 거기에 있을 뿐인 저 산을 찾아가 더불어 친화하다가 마침내 우리는 그 산의 품, 영원한 어머니 품으로, 이 흙으로 빚어진 육신을 묻는다."[213]

산은 말없이 늘 그 자리에 있다. 산은 주변의 어떠한 것도 품는다. 박두진은 그것을 정 - 마음 - 인자 - 지혜로 말했다. 그리고 그것은 영원한 어머니 품이라 묘사했다. 인간은 그 어머니 품에서 태어나 살다가 그곳에 육신을 묻는다. 나고 자라 죽는 공간이 어머니의 마음이다. 어머니의 마음을 이렇게 묘사하고 있다면, 어머니를 대하는 인간의 정서는 하나일 수밖에 없다. 인자仁慈로 어머니의 마음을 표현했다면 이를 받은 자녀는 마땅히 '사랑과 공경'으로 화답해야 한다. 시인은 여기서 그것까지 말하지는 않았다. 당연한 일이라서 그랬을 수도 있지만, 이는 당연한 독자들의 몫이라 할 수 있다. 함축된 시세계가 갖는 특징이라 할 수 있다. 이제 박두진이 나이가 들어 어머니에게 올리는 시에 전과 다른 깊이의 마음을 담았다.

오래 잊어버렸던 이의 이름처럼 / 나는 어머니 어머니라고 불러보네. / 어머니 어머니 하고 불러보면 / 나는 먼 옛날 어렸을 때의 어린 아이로 되돌아가, 그리고 눈물이 흐르네. / 내가 이 세상에서 처음 입을 뗄 때 / 부르던 첫말 / 그 엄마 지금은 안 계시고 / 이만큼이나 나

213) 박두진, 「산유정」 『숲에는 새 소리가』 신원문화사, 1996년, 55~56면.

이가 들어서야 / 어머니 어머니라는 이름의 / 뜻의 깊이를 아네. / 애뙤고 예쁘셨던 / 꽃답고 아름다우셨을 때의 / 어머니보다는 / 내가 빨던 젖이 / 빈 자루처럼 찌부러지고 / 이마에는 주름살 / 머리터럭 눈같이 희던 때의 / 가난하고 슬프신 / 그 모습 더 깊이 가슴에 박혀 / 지금도 귀에 젖어 / 음성 쟁쟁하네. / 지금 이렇게 나 혼자 외로울 때 / 나 혼자 괴로울 때 / 마음 이리 찢어지고 / 불에 타듯 지질릴 때, / 그 어머님 지금 / 내 곁에 계시다면 / 얼마나 힘이 될까 / 얼마나 위로가 될까 / 얼마나 조용조용 드리고 싶은 말씀이 많을까. / 어머니 어머니 / 오래 오래 잊어버렸던 이의 이름처럼 / 지금은 이미 없는 / 머나먼 이름 / 뜨거운 이름 / 눈물의 이름 / 사랑의 희생의 영원의 이름 / 이제사 그 어머니 / 어머니라는 부름의 뜻을 알겠네. / 어머니라는 이름 / 뜨거운 눈물의 이름을 알겠네. ('어머님에의 헌시 - 나이가 들어서 하는')

이 시는 1959년 5월 8일 어머니날을 기념하며 썼다. 내용은 한마디로 '풍수지탄風樹之嘆'[214]의 내용을 담았다. 젊었을 때에는 전혀 느끼지 못했던 어머니에 대한 정감이 나이 들어 절절히 느껴진다. 그 사무치는 고마운 정이 피부로 와 닿지만 이미 어머니는 이 세상 사람이 아니다. 그래서 홀로 조용히 '어머니, 어머니'를 불러보았다. 하지만 아무런 대답이 없다. 효도하고 싶은 마음이 절로 드는 나이에는 이미 어머니는 다른 세상으로 가셨다. 그래서 제사나 추

---

214) "나무는 고요하고자 하나 바람이 그치지 아니하고(樹欲靜而風不止), 자녀는 봉양하고자 하나 부모가 기다려주지 않고(子欲養而親不待), 가고 다시 오지 않는 것이 세월이뇨(往而不來者年也), 다시 볼 수 없는 것이 부모님이로다(不可再見者親也)."는 말을 축약해서 '풍수지탄'이라 한다. 『공자가어』 「치사」와 『한시외전』 9권에 수록된 내용이다.

도식 같은 의식을 통해 부모에 대한 추모의 정을 더했다. 『논어』에서 말한 '신종추원愼終追遠'이다. "부모의 장례를 신중하게 정성스레 모시고, 먼 조상까지 제사를 정성스럽게 모시면 백성들의 덕이 두텁게 된다."[215]는 말이다. 이런 효의식이 매우 중요한 요소로 작용한 것이 우리 사회이다. 어머니에 대한 정이 이렇게 절실하게 표현되었다.

그렇다고 작품 속에 아버지에 대한 표현이 없는 것도 아니다. 산을 묘사하며 어머니와 아버지를 병기한 작품도 있다. 자연 속 산을 들어 어머니와 아버지를 함께 묘사한 시이다.

> 내가 아무리 혼자라도 산山은 나와 / 함께 있고 / 내가 아무리 서러워도 / 산은 나를 깊이 알아, / 산은 늘 그리운, 산은 늘 너그러운, / 산은 늘 따스한, / 여인의 품, 어머니의 품, / 아버지의 품. ('산이 좋다')

외로울 때 함께 해주고, 서러울 때 위로가 되고, 그래서 그립고, 너그럽고, 따스한 존재가 산이라면, 그 산은 여인의 품이요, 어머니의 품이요, 아버지의 품이란 것이다.

이렇게 어머니와 아버지를 동등하게 표현한 시도 있다. 또 아버지만을 그리며 쓴 시도 있다. 철죽꽃[216]이 대표적이다. 철죽이 아버지와 등가 된다. 아버지가 철죽꽃을 좋아했고, 그래서 직접 심으셨다. 그 철죽을 바라보며 박두진은 시를 썼다.

---

215) 『논어』「학이」: "曾子曰, 愼終追遠, 民德歸厚矣."
216) 본래 '철쭉'이 맞지만, 박두진이 '철죽'이라 했으니, 여기서는 모두 '철죽'이라 쓴다.

철죽꽃이 필 때면 / 철죽꽃이 화안하게 날 때면 / 더욱 못 견디게 / 아버지가 생각난다. / 칠순이 넘으서도 노송老松처럼 정정하여 / 철죽꽃이 피는 철에 철죽꽃을 보시려 / 아들을 앞세우고 / 관악산 / 서슬진 돌바위를 올라가서서 / 철죽나물 캐어다가 / 뜰 앞에 심으시고 / 철죽꽃이 피는 것을 즐기셨기에 / 철죽나물 캐어 드신 / 흰 수염 아버지가 / 어제같이 산탈길을 걸어 내려오시기에 / 철죽꽃이 피는 때면 / 철죽꽃과 아버지가 / 한꺼번에 어린다. / 물에 젖은 둥근 달 / 달이 솟아 오르면 / 흰 옷을 입으셨던 / 아버지가 그립다. / 달 있는 천변川邊 길을 / 늦게 돌아오노라면 / ---- 두진이냐....? / 저만치서 커다랗게 불러주시던 / 하얗게 입으셨던 어릴 때의 아비지...../ 사월은 가신 달 / 아아, 철죽꽃도 흰 달도 / 솟아 있는데, / 손수 캐다 심어 놓신 / 철죽꽃은 피는데, / 어디 가셨나 / 큰기침을 하시며 흰 온을 입으시고 / 어디 가셨나. ('아버지')

아버지가 심은 철죽꽃을 바라보며 아버지를 그리는 시이다. 아버지의 등가물 철죽을 통해서 아버지를 회상하는 내용이다. 아버지와의 절절했던 추억이 시에 듬뿍 들어 있다. 철죽을 좋아하셨고, 그래서 직접 철죽을 심어놓으셨는데, 이제는 흰 옷을 입고 어디론가 가셨다. 돌아가신 것이다. 그것도 철죽이 피는 사월에 가셨다. 박두진의 아버지를 그리는 마음은 사월에 더 절실하게 다가온다. 철죽의 계절이기 때문이다. 이런 아버지를 그리며 박두진은 과거로 아버지와의 회상여행을 떠났다. 철죽꽃은 여전히 피는데 흰옷 입은 아버지는 안 계신다. 어머니를 그리워하며 시를 썼듯, 아버지를 그리며 쓴 시이다.

다. 자녀, 제자사랑

시인은 자신의 가치도 철학도 사상도 시로 말한다. 시인 박두진의 자녀사랑의 모습이 시에 담겼다. 그것도 어린아이 달래는 어머니의 자장가 소리에 담았다.

> 아이가 운다. / 이 아이가 또 자지 않고, / 어쩌라고 바락바락 난리처럼 운다. / 아랫니가 두 개 / 별같이 뾰죽 난 놈, / 초롱초롱 눈동자가 샛별같이 빛나는 놈이, / 땡삐에게 쏘인 듯, / (중략) / 먼 어릴 쩍, 어머님이 나를 재운 옛 자장가, / 포근하고 구성진, / 두리쳐 업고 추실러 본다. 그래도 운다. / 아, 나는 아무것도 할 수가 없다. 그래도 운다. / 아이엄마는 지금쯤 / 불은 젖을 문지르며 / 허위대며 글성대며 어느 길을 오는가? / 배가 고파 못 견디어 이 아이는 울리라. / 엄마 품이 그리워서 이 아이는 울리라. / 손과 발이 차고 시려 이 아이는 울리라. / (중략) / 내 마음, 내 모습, 이러한 꼴의 아버지가 / 이러한 애비가 싫증이 나서 우는 것인지도 모르리라. / (중략) / 어느 별이 너를 지키는 너의 별이냐? / 가난하지만 아버지는 / 하, 둘, 셋, 세 개의 별, / 애비를 지키는 세 개의 별을 오늘 밤 너에게 알려 주마. / (중략) / 잘자라, 아가야.....

어머니의 자장가 소리에는 어머니의 자상한 사랑이 담겼다. 그 경험이 없이는 이런 구체적인 자장가 시를 쓸 수가 없었을 것이다. 그 받은 사랑을, 이제 박두진이 어버이가 되어 자녀에게 자장가를 불러 주는 환경으로 바뀌었다. 사랑은 대물림 되는 것이다. 받은 사랑 돌려주는 것이 인간사의 도리인 것이다. 부모에게 받은 사랑 아래로 돌려주는 것이 자녀 사랑이라면, 위로 돌려주는 것은 효라고 했다. 그러므로 효는 받은 은혜에 대한 당연한 갚음이었다.

여기서는 박두진 본인의 자녀사랑 경험 보다는 본인이 부모로부터 받은 부모 사랑을 먼저 정리해 보겠다. 부친 박기동(朴基東, 1870~1947)은 철저한 유교적 덕성의 소유자였다. 어머니 서병권(1880~1951)은 유교적 지식인 아버지와는 달리 철저한 기독교 신앙을 갖고 있으면서 사리에 밝고 자식 교육에 지극했다. 여러 기록에 전하는 어머니의 자식 교육은 매우 엄격하였다. 그러면서도 섬세하고 자상하여 박두진의 성장에 큰 영향을 주었다. 한마디로 박두진은 아버지의 전통적 유교지식과 어머니의 기독교 신앙을 접하며 유교과 기독교를 넘나들면서도 결국 기독교적 풍토에서 자랐다. 그것이 기초가 되어 훗날 본인의 자녀는 물론 대학에서 학생들을 가르치며 지극히 자상한 교수이자 아버지로 책무를 다했다. 그리고 자녀사랑, 제자사랑의 방법은 말로하기보다는 늘 행동으로 보여주었다. 때로는 작가로써 글로 보여주었다. 그런 성향은 작품 속에 자연스레 표현되었다. 1960년대 황금찬, 임강빈, 김광협, 강은교 등 기라성 같은 제자들이 그의 이같은 제자사랑 속에 배출되었다. 당시 대학가 분위기는 한일협정으로 매우 시끄러웠다. 4.19 때에도 그랬다. 제자들과 젊은이들의 몸부림은 1970년대 박정희 군사정권에 대한 반발로 이어졌다. 이 때 상황을 박두진은 작품으로 표현했다. 학생들이 마구 잡혀갈 때 교수들은 무기력하게 구경만 하고 있었다. 이를 반성하며 박두진은 억압받는 제자들을 위해 자신의 마음을 드러내는 작품 '화비명花碑銘'을 썼다.

> 하나씩의 꽃잎이 떨어질 때 / 두들기는 땅의 울림은 천둥이다. / 하
> 나씩의 꽃잎이 절벽에 부딪쳐 떨어질 때 / 먼 하늘의 별들도 하나씩 /
> 하늘가로 떨어지고, / 떨어질 때 켜지는 별들의 빛난 등불 / 별들이
> 흘리는 은빛 피 / 떨어져 나온 별들의 자욱에 새겨지는 푸른 이름 /
> 그것은 넋의 씨다. / 떨어지는 꽃과 별 / 별과 꽃이 윙윙대는 / 날개의
> 불사조 / 죽어도 살아나는 불씨 / 죽어도 죽지 않는 승리 / 죽일수록
> 살아나는 영원한 불사조다. ('화비명')

한일협정에 반대하는 제자들과 젊은이들을 꽃과 별에 비유했다.
권력으로부터 무참히 짓밟히는 정경을 생생하게 표현했다. 그래
도 제자들과 젊은이들은 꿈틀거리며 저항했다. 죽어도 살아나는
불씨처럼, 죽어도 결국은 승리하는 불사조처럼 기록했다.

> "진리와 학문의 최고 수호자로서 의연히 부당한 권력과 맞서는 찬
> 란한 영예는 기대하지 못한다 할지라도 그래도 아무리 대학이라고
> 한들 어떻게 법질서만을 내세워 순수한 애국심의 발로로 만부득이
> 해서 무저항적으로 바른 일을 위해 싸우는 제자를 무기정학이나 퇴
> 학처분으로 임할 수 있는 것인가."

한일협정에 반대하며 데모현장에 있던 제자들을 향한 스승 박두
진의 제자사랑이 구체적으로 표현된 내용이다. 데모는 무질서 같
지만 결국은 장기적으로 이 나라 이 민족의 질서를 향한 몸부림이

었다. 애국심의 발로에서 나온 데모는 민족적 질서 지움의 적극적 표현이었던 것이다.

한편 박두진은 자연시인으로 자연에서 시어를 따왔지만, 그 자연은 순수 자연이기보다는 인생 삶의 지향을 자연에 빗대어서 말한 측면이 강하다. 자연시인 박두진의 시어는 자연에서 왔지만 꼭 자연을 가리키는 것은 아니었다. 자연을 빗대어 인간사를 말하고 인간의 관계를 말했다. '낙엽송'도 마찬가지이다.

> 가지마다 파란 하늘을 / 바뜰었다. / 파릇한 새 순이 꽃보다 고웁다. / 청송靑松이래도 가을 되면 / 홀 홀 낙엽落葉진다 하느니, / 봄마다 새로 젊은 / 자랑이 사랑웁다. / 낮에 햇볕입고 / 밤에 별이 솔솔 내리는 / 이슬 마시고, / 파릇한 새 순이 / 여름으로 자란다. ('落葉松')

새순과 젊음이 상징하는 것은 새로움이다. 꽃보다 새순이 곱다고 함은 단순 생명현상이 아니라 시적 예찬이다. 처음 태어나 곱디고운 모습에 대한 문학적 표현이다. 박두진 본인은 이에 대해 "나무가 위치位置하고 생리生理하는 생명적인 현상과 우주전체의 조대화력調大和力에 의한 사랑스럽고 탄력 있는 한 질서를 표현해 보고 싶었던 것이다."[217]라고 했다. 핵심은 질서이다. 자연의 질서가 나서 자라는 생장生長이라면, 이것은 단순히 식물만이 아닌 인간의 생로병사生老病死에도 그대로 적용된다. 나고 자라며 커가는 모습 속에서 인간세의 질서가 있다면 봄을 뜻하는 새순은 어린세대를 말한

---

217) 박두진, 『시와 사랑』 신흥출판사, 1960년, 18면.

다. 가족사로 말하자면 자녀세대이다. 푸른 빛도 자녀세대의 발랄함을 말한다.

> 새로 푸른 동산에 금빛 새가 날아오고, / 붉은 꽃밭에 나비 꿀벌 떼가 날아들면 너는 아마, / 그때 나와 얼마나 즐거우랴. / 설게 흩어졌던 이웃들이 돌아오면 너는 아아 그 때 나와 얼마나 즐거우랴. / 푸른 하늘 푸른 하늘 아래 난만한 꽃밭에서, / 꽃밭에서 너는 나와 마주 춤을 추며 즐기자 춤을 추며, / 노래하며 즐기자 ..... 어서 오너라.....
> ('푸른 하늘 아래')

푸른 하늘은 다의성이 있다. 일제의 대륙 침략, 잇달은 침략 전쟁이 빗발치는 당시 상황에서 민족해방을 기원한다는 해석도 있다.[218] 하지만 앞서 새순을 자녀세대에 비겼듯, 여기서의 푸른 하늘도 새로운 세계, 인간사로 말하자면 청춘 세대, 곧 가정에서의 자녀세대로 말한다 해도 크게 벗어나지 않는다. 시인의 문학적 상상력을 그대로 이해하는 것도 작품을 읽는 방법이지만, 독자의 문학적 상상력으로 새롭게 재해석하는 것도 시를 읽는 또 다른 의미가 있기 때문이다.

라. 가족사랑

박두진에게 영향을 준 가족은 특히 어머니와 누나였다. 특히 누나의 영향은 누구보다 컸다. 기독교 신앙세계로 이끈 것도 누나이

---

218) 김용직, 『한국현대시사』 한꾸문연, 1996년, 542면.

고, 글쓰기를 시작한 것도 누나의 영향이었다. 누나는 박두진보다 먼저 고향을 떠나 청주로 갔다. 제사 공장 여직공으로 일하면서 누나는 박두진에게 편지를 썼다. 주로 신앙적인 내용과 문학적 소양을 길러주는 내용이었다. 박두진은 누나에게 답장을 쓰면서 신앙 세계로 침잠하였고, 문학적 소양도 깊어 갔다. 누나로부터 받은 신앙심과 문학정신은 이후로도 큰 양분이 되어 박두진의 삶과 문학 정신에 큰 지침이 되었다. 누나로부터 받은 사랑이 시작품에 녹아내리며 때론 구체적인 표현으로, 때론 상징 언어로 표현되기도 하였다.

   가족가운데서도 핏줄로 섞이기 보다는 사랑과 공경으로 만난 존재가 있다. 가장 가까우면서도 가장 먼 존재일 수 있는 아내이다. 남남이었던 여자와 결혼하여 함께 살면서 아내가 되었고, 가족이 되었다. '사랑과 공경', '배려와 존중'이 없다면 가족이 될 수 없는 존재가 아내이다. 박두진의 이런 아내 사랑은 '아내를 위한 자장가'에 담겼다.

>   바람에 서느러히 흔들리며 / 닿을 듯 하늘로 싱싱한 / 긴 너의 살눈썹은 / 푸르른 수림. / 수림으로 둘리운 잔잔한 수면 / 하늘 먼 / 옛날로의 옛날로의, / 푸른 네 두 눈은 생각하는 호수. / 그 호수, 그 눈, 이제는 오, / 고요히 나의 품에 / 아가처럼 감으라. / 흰 나랠 채곡 접듯 / 생각하는 지침과 꿈의 나랠 걷우고 / 아가처럼 안겨들어 / 밤 품에 쉬이라. / (중략) / 약하나 비록 / 너를 비운 내 팔은 산맥으로 삼고 / 흰 너의 이마 위에 입술이랑 묻으며 / 아내여! / (중략) / 저 바람소릴 지켜줄게 지금은 자렴. / 짐승소릴 지켜 줄게 지금은 자려. / 이브, 오

나의 이브. / 푸른 저, 숲을 넘어 들려오는 / 카인에게 죽이운 아벨의 피의 소리, / 쫓겨나는 카인의 목을 놓는 울음소리, / 여울처럼 세차 오는 울음소리들도 / 아, 이 밤, / 자는 네겐 모르도록 / 나만 혼자 울마. ('아내를 위한 자장가')

상징적 시어를 사용하여 얼핏 어떤 의미 인지는 바로 와 닿지는 않지만, 곰곰이 새겨보면 며느리이자 어머니이자 아내로서의 굴곡 진 삶의 애환이 느껴진다. 얼마나 힘든 일이었기에 박두진은 아내를 위하 자장가를 부르며 다 잊고 자라고 했겠는가. '바람소리' '짐 승소리'는 힘들고 어려운 삶 속에 닥쳐온 시련과 아픔이다. 곳곳의 다양한 환경에 억눌린 삶의 표현이다. 가족 구성원 가운데 아마도 아내의 역할이 가장 크고 많지 않을까 생각한다. 앞서의 지적처럼 남편에게는 아내, 아이들에게는 어머니, 부모님께는 며느리로서 같은 가정에서라도 각기 맡은 바 일이 전혀 다르기 때문에 가정에 서 그 책무가 중요하면서도 힘든 위치이다. 이를 박두진은 시로 표 현하며 아내 사랑을 전했다. 아내의 몫을 대신 감당하며 "나만 혼자 울마"고 한 것이다.[219]

한편 시인은 구체적인 언어로도 말하지만, 상징 언어를 통해 말하고자 하는 내용을 간접적으로 표현하기도 한다. 표현된 언어가

---

219) 아내에 대한 애절한 시는 '바다와 무덤'에서도 표현했다. "바닷가의 언덕에 있어야 / 할 것이다. / 아내여! / (중략) / 아내여! 나는 / 저 쏟아지는 별살들의 따신 포옹과 파도들의 자장가가 들려오면 그만, / 눈이 부신 찬란한 기다림의 아침이 / 백 천년 또 혹은 그 보다도 더 오랜 언제라도 좋다." 『박두진 시 전집』2, 홍성사, 2017년, 111~113면에는 바다와 아내의 절묘한 조화를 통해 아내의 책무를 그리며 이를 절절한 마음으로 위로하며 달래고 있다.

사실은 다른 것을 형상화한다는 말이다. '너는'이란 시의 내용이 대표적이다. 먼저 내용을 감상해 보자.

눈물이 글성대면 / 너는 물에 씻긴 흰 달. / 달처럼 화안하게 / 내 안에 떠서 오고 / 마주 오며 웃음 지으며, / 너는 아침 뜰 모란꽃, / 모란처럼 활짝 펴 / 내게로 다가오고 / 바닷가에 나가면, / 너는 싸포오..... / 푸를 듯이 맑은 눈 펴져 내린 머리 결 / 알빛 같이 흰 몸이 나를 부르고, / 달아 내며 달아 내며 나를 부르고, / 푸른 숲을 걸으면, / 너는 하얀 깃 비둘기, / 구구구 내 가슴에 파고들어 안긴다. / 아가처럼 볼을 묻고 구구 안긴다. ('너는')

'너'는 일인칭 '나'와 상대되는 이인칭이다. '너'가 가리키는 것은 존재하는 여러 대상물이지만, 여기서는 '아버지'가 되기도 하고 '벗'과 '형'이 되기도 한다. 아기는 비둘기와 비교하기도 했다. 시의 전반적인 내용이 가족 간의 따뜻한 사랑을 묘사했다. '어서 너는 오너라'의 후반부에서도 가족 간의 그리움과 사랑을 노래했다.

...... / 어서 너는 오너라, / 별들 서로 구슬피 헤어지고, / 별들 서로 정답게 모이는 날, / 흩어졌던 너의 형 아우 총총히 돌아오고, / 흩어졌던 네 순이도 누이도 돌아오고, / 너와 나와 자라난, / 막쇠도 돌이도 복술이도 왔다. / 눈물과 피와 푸른 빛 기빨을 날리며 오너라. ..../ 비둘기와 꽃다발과 푸른 빛 기빨을 날리며 너는 오너라......./ 기름진 냉이꽃 향기로운 언덕, / 여기 푸른 잔디밭에 누워서, / 철이야 너는 널널널 가락 맞춰 풀피리나 불고, / 나는, 나는, 두둥싯 두둥

실 붕새춤 추며, / 막쇠와 돌이와 복술이랑 함께, / 우리, 우리, / 옛날을, 옛날을 딩굴어 보자. ('어서 너는 오너라' 중에서)

고향의 옛 정취가 잘 나타난 시에 가족과 이웃의 아름다운 만남을 정겹게 기원하는 내용을 함께 담았다. '마을'이란 시에서도 비슷한 정감을 표현했다. "아버지와 어머니와 아들과 딸과 / 고개 하나 너머마다 도란대는 마을들, / 아, 여기 이 따사로운 / 하늘 맑은 땅 위에는"[220]이라며 고향과 어우러진 가족의 따뜻한 모습을 담았다. 이렇듯 시인은 시어로 말하고 때로는 행간으로도 말한다. 특히 행간 속에서 박두진은 따뜻한 가족과 이웃에 대한 사랑의 감정을 형상화했다. 형과 동생, 이웃 친구들이 함께 뛰놀았던 정겨운 고향에 대한 향수가 짙게 깔려 있다.

다음 아래 시의 내용은 자연의 풍경을 노래하지만 실제 풍경은 아니다. 상상속의 풍경을 시로 구상화 하였다. 내용은 미래 광복으로 회복될 조국을 그리며 그 가운데 함께 기뻐하는 가족들과 이웃들의 모습을 구체적으로 표현하였다. 조국의 광복은 당장 나와 가까운 가족들에게 가장 큰 복이요 기쁨이었다. 이를 형상화한 시가 '어서 너는 오너라.'이다.

복사꽃이 피었다고 일러라. / 살구꽃도 피었다고 일러라. / 너의 오랜 정들이 살다간 집 함부로 짓밟힌 울타리에 앵도꽃도 오얏꽃도 피

---

220) 1947년 한성일보에 발표한 내용을 박두진, 『박두진 시 전집』 2, 홍성사, 2017년, 186~187면 '마을'로 담았다.

었다고 일러라. / 낮이면 벌떼와 나비가 날고, 밤이면 소쩍새가 울더라 일러라. / (중략) / 어서 너는 오너라. / 서로 구슬피 헤어지고 별들 서로 정답게 모이는 날 흩어졌던 너의 형 아무 총총히 돌아오고 흩어졌던 네 순이도 누이도 돌아오고, / 너와 나와 자라나던 막쇠도 돌이도 복술이도 왔다. / (중략) / 복사꽃 피고, / 살구꽃 피는 곳 나와 뛰놀며 자라난 푸른 보리밭에 남풍은 불고 젖빛 구름 보오얀 구름 속에 종달새는 운다. / 기름진 냉이꽃 향기로운 언덕, / 여기 푸른 잔디밭에 누워서 철이야 너는 너는 늴 늴 늴 가락 맞추어 풀피리나 불고 나는 나는 두둥실 두둥실 붕새춤이나 추며 막쇠와 돌이와, / 복술이랑 함께, / 우리 옛날을, / 뒹굴어 보자. ('어서 오너라' 중에서)

복사꽃, 살구꽃은 정겨운 고향마을의 정경이고, 거기서 가족과 이웃의 애환적 삶이 섞이었다. 박두진은 시를 통해 따뜻한 고향의 정서를 표현하며 형, 동생, 이웃, 친구와의 정서를 표현했다. 가족과 이웃의 온화한 정서가 시에 깊게 깔렸다. 가족사랑, 이웃사랑의 꽃을 피운 곳이 고향이기 때문이다.

고향이란다. / 내가 나서 자라난 고향이란다. / 그 먼, 눈 날려 휩쓸고, / 별도 얼어 떨던 밤에 어딘지도 모르며 / 내가 태어나던 곳 / 짚자리에 떨어져 첫소리 치던, / 여기가 내가 살던 고향이란다. / 청룡산靑龍山 옛날 같이 둘리워 있고 / 우러르던 옛 하늘 푸르렀어라. / 구름 피어오르고, / 송아지 울음 울고, / 마을에는 제비 떼들 지즐대건만, / 막쇠랑, 복술이랑, / 옛날에 놀던 동무 다 어디가고, / 돌이만 나룻터럭 거칠어졌네. .... ('고향'중에서)

박두진의 고향, 경기도 안성시 보개면 양복리 시립도서관 입구에 '고향'을 새긴 시비가 있다. 고향은 몸과 마음의 안식처이고, 추억의 장소이다. 특히 어린 시절 가족간의 따뜻한 온기를 몸으로 품은 소중한 공간이다. 고향에서 가족사랑의 정서를 시로 표현한 것이다.

마. 나라사랑

박두진은 일제 강점기의 암울한 시기의 비참함을 경험한 사람이다. 일본제국주의의 뼈저린 체험을 몸소 겪은 것이다. 시를 쓰면서 당시 시단에서 감상주의에 안일한 도피주의를 비판하면서 시를 쓴 애국시인이었다. 이육사나 윤동주처럼 직접적인 것은 아니었어도 자연적 시어를 활용하여 일제에 항거한 민족시인이었다. 이런 박두진을 기리며 1981년 8월 연세대학교에서는 대통령 훈장을 신청하려고 하였다. 이 때 박두진은 단호히 거절했다고 한다. 순수한 민족시인 박두진의 나라사랑 정신이 빛나는 일화라 생각한다.[221]

이렇듯 박두진은 일제에 항거하는 지사적 의지를 담고 시를 썼고, 일제를 비판하고 민족을 옹호하는 시를 썼다. 그의 민족에 대한 사랑, 나라에 대한 사랑은 현실 대결에서 찾지 않고 미래 지향에서 찾았다. 이상주의라 할 수 있다. 민족의 영원한 장래를 준비하며 이상적인 세계를 건설하려고 하였다.[222] 비록 시어는 자연의

---

221) 허소라, 「나 여기에 있나이다 주여」, 활천사, 『활천』 2002년 8월, 73면.
222) 신용협, 『現代韓國詩研究』, 국학자료원, 1994년, 225면.

언어를 사용했지만, 함축된 언어는 민족적 아픔에 대한 한(恨)과 설움을 달래며 새로운 사회에 대한 희망을 담았다. 나라의 소망을 접게 하는 민족적 팽창주의에 대한 반발과 비판의 자세를 분명히 하였다.

> "민족 팽창주의, 침략주의를 배격하는 사상적 바탕이 세계주의에 있음은 말할 것도 없지만, 일본의 1930년대의 횡포를 규탄하려면 약소민족에 대한 강포한 침략을 부정 비판하는 세계주의적 사상체계밖에는 없었기 때문이다. 민족과 민족의 투쟁은 결국 힘과 힘의 대결, 약육강식弱肉强食의 제국주의적 팽창주의밖에 결과하는 것이 없기 때문이다."[223]

박두진은 일본 침략주의를 철저히 배격하였다. 박두진 나라사랑의 핵심은 일제 식민주의 배격이었다. 민족적 팽창주의를 배격하는 것도 그 일환이었다. 저항의 방법이 자연에 의탁한 시작詩作이라는 한계 상황은 있었어도 문학적 방법으로 분명한 반항의식을 표현한 것이다. 거기서 보편주의에 입각한 세계주의적 사상체계는 불가피하였다. 이것은 1941년부터 일부 문학인들이 작품을 빌어 일제에 협조한 데 따른 비판이자 반발이었다. 『인문평론人文評論』으로 발간하던 문학지를 『국민문학國民文學』으로 제목을 바꿔 발간하면서 일제에 아부하고 순응하면서 협력한 것을 비판한 것이다. 이후로 5년간 민족문학은 암흑기이자 수치스런 모습을 보였다.[224] 이

---

223) 박두진, 『현대 시의 이해와 체험』, 일조각, 1976년, 108면.
224) 신용협, 『現代韓國詩研究』, 국학자료원, 1994년, 221면.

에 대한 박두진의 비판은 기독교적 박애주의博愛主義에 입각해서 매우 적극적이었다.

　"한국민족을 야만적으로 착취 약탈하는 것을 규탄하려면 같은 민족주의적 이론과 근거보다는 더 포괄적인 세계주의가 가장 타당한 이념의 근거를 제공해 주는 것이기 때문이었다. 일본의 무력 약탈주의, 제국주의적 팽창주의를 당시의 우리들, 아니 당시의 나는 기독교적 박애주의 그리스도적인 이상적 세계로써 비판하려 했다. 그러한 그 때의 약소 민족적 울분과 고민과 비애를 오직 기독교적인 세계주의에 의해서 극복하려 했었다."[225]

　박두진은 일제의 강압을 비판하며 이를 기독교적 박애주의와 이상적 세계주의로 극복하려고 하였다. 이런 배경과 분위기에서 쓴 시가 '향현香峴'과 '푸른 하늘'이었다고 말한다.[226] 시대상황과 결부된 시세계 속에서 박두진의 나라사랑의 정서를 확인하게 된다. 그 나라사랑의 정서에는 본인이 언급한 기독교적 박애주의와 이상적 세계주의가 깔려있다. 암울한 일제시기의 고통과 슬픔을 박애주의와 세계주의로 극복하려는 의도였다. 그렇다고 박애주의와 세계주의가 무조건적인 비폭력 순응주의는 아니었다. 잘못에 대한 저항은 인간의 기본권이고, 이를 박두진은 정신세계의 한 표현 양식인 시로 말한 것이다. 행동으로 보이는 저항이 있다면, 글로 표현하는 저항도 있다. 후자가 박두진이 보여준 방법이라 하겠다. 여

---

225) 박두진, 『현대 시의 이해와 체험』, 일조각, 1976년, 109면.
226) 신용협, 『現代韓國詩研究』, 국학자료원, 1994년, 222면.

기서 박두진의 시는 "아주 야성적으로, 아주 의지적으로, 아주 원대한 계획으로, 건강하고 밝고 힘차고 싱싱하고 강력하고 웅대하고 남성적인 시"[227]라 평할 수 있다는 것이다.

이렇듯 대한민국이 광복을 맞기까지는 문학세계에 있어서도 고난의 세월을 극복하려는 시도가 무한이 있었다. 박두진은 이 모진 세월을 시로 달래며 자연에서 허덕이는 민초民草들의 쓰라린 아픔과 고통을 표현해 나갔다.[228]

삼동을 벗어나면 춘궁이었다. / 길고도 아득한 굶주림이 기다렸다. / 하늘도 햇볕도 허기로 타오르고 흙덩어리 팍팍한 황토의 목메임. / 마을은 기진한 채 죽은 듯 늘어져 잠잠했다. ('식민지, 20년대 춘궁春窮' 이하 생략)

민족적 아픔의 원인은 일제 식민통치였다. 앞잡이에는 동양척식회사가 있었다. "특권 지주 수탈의 원흉 동양척식회사, 군림하는 그 이민, 백색 흡혈귀에게, 소작료로 비료 값으로 장리쌀로 빼앗기고, 키 까불러 알곡으로만 몇 곱절씩 빼앗기고, 고리채로 또 되 묶이고 덜미를 잡혀 졸리우는, 피와 땀의 무한 농노 죽어지지도 않았다."

여기서 죽어난 건, 우리의 어머니였다. 틈새에 박두진은 가족 위해 애쓰며 고생하시는 어머님을 시로 그렸다.

---

227) 신용협, 『現代韓國詩硏究』, 국학자료원, 1994년, 223면.
228) 김덕균, 『한국 기독교를 빛낸 사람들』, 다른생각, 2016년, 121~122면.

박두진의 신앙적 세계관은 자연스레 시로 표현되었고, 자연을 노래하는 쪽으로 나아갔다. 기독교적 이상향을 자연에서 찾았던 것이다. 박목월, 조지훈과 더불어 청록파 시인이 되어 자연을 노래한 것이다. 막상 자연을 노래하는 듯 하지만 일제 식민치하와 이후 계속되는 이 땅의 암울한 분위기를 자연을 노래하며 해소한 것이다.

> 푸른 산 한나절 구름은 가고, / 골 넘어, / 뻐꾸기 우는데, / 눈에 어려 흘러가는 물결 같은 사람 속, / 아우성쳐 흘러가는 물결 같은 사람 속에, 난 그리노라. / 너만 그리노라. / 혼자서 철도 없이 너만 그리노라. ('청산도')

'청산도'는 1947년 작품으로 고등학교 교과서(두산, 교학사)에도 실렸다. 당시는 해방은 되었어도 해방이 아닌 정국이었다. 잠잘 줄 모르는 혼란한 사회를 청산을 그리며 표현한 것이다. '청산'에서 발견한 생성과 소멸의 원리를 인간사의 회복과 상실로 승화시키면서 사회적 부조리를 극복하려는 숨은 뜻이 보인다. 이렇듯 '자연'을 노래하면서도 내면에는 인간사의 희망이 담겨 있다. 국가적 희망을 담았다. 나라사랑의 한 표현방식이었다.

> 해야 솟아라. / 해야 솟아라. / 맑갛게 씻은 얼굴 고운 해야 솟아라. / 산 넘어 산 넘어서 어둠을 살라먹고, / 산 넘어서 밤새도록 어둠을 살라먹고, / 이글 이글 애띈 얼굴 고운 해야 솟아라. ('해')

'해' 역시도 고등학교 교과서(천재, 상문)에 실렸다. '해'는 자연의 빛나는 존재, 어둠을 물리치는 존재이다. 해의 상징성은 밝음과 생명이다. 해를 통해 박두진은 조국의 광복, 메시야의 재림, 이상적 세계의 발현을 '간절한 자의 목소리'로 노래했다.[229] '해'는 광명의 상징이고, 빛이 삶에 투영되는 것은 희망과 밝음이다.[230] 이렇듯 '해'라는 자연의 소재에서 사회와 인류와 신앙의 이상향을 그렸다. '청산'과 '해'를 통해 자연을 노래하면서 인류의 희망을 노래한 것이다. 해가 솟은 청산 위로 광명을 되찾은 조국을 연상한 것이다. 광복을 찾은 생명력이 넘치는 조국의 모습이다. 해와 정반대의 달이 상징하는 것은 밤이고 어두운 이미지이다. 암울한 조국의 현실을 달로 표현했다면 해는 광명한 조국, 해방된 조국의 힘찬 모습이었다. 달밤은 외로움과 두려움이 지배하는 부정적 공간이라면, 해는 밝음과 환희가 존재하는 기쁨, 생명의 공간이다.[231] 당시 나라사랑의 핵심은 해가 뜬 해방된 조국이었다. 박두진의 시에 절절히 이런 소망이 담겼다.

문제는 해방이후 연이은 격동기의 민족적 비극이었다. 6.25, 4.19 등의 연이은 격동의 세월은 박두진으로 하여금 나라사랑의 절절한 마음을 오히려 더욱 굳건히 하도록 하였다.[232] 이는 문학사상으로

229) 김대행, 「박두진의 '해' - 간절함과 옮조림」, 국학자료원, 『한국현대시 대표작품 연구』, 1998년, 398면.
230) 김재홍, 『한국현대시인연구』, 일지사, 1986년, 398~436면.
231) 금동철, 「박두진 초기 시에 나타난 자아의 존재방식」, 아세아연합신학대학교, 『ACTS 신학저널』 27권, 2016년, 284~286면.
232) '6월 애가'는 박두진이 6월 한국전쟁의 비극을 시로 쓴 내용이다. 4.19 이후로 애끓는 감정은 '젊은 죽음들에게' '우리는 보았다' '우리들의 기빨을 내린 것이 아니다'는 시로 표현되었다. 이상은 『박두진 시 전집』 2, 홍성사, 2017년 64~75면 참조.

역사의식으로 드러났다. '아, 민족民族'이란 시가 나온 배경이다.

한반도韓半島, 한민족韓民族, 아니 / 북으로 뻗쳐가면 / 고구려였다. /
송화강 저 요하遼河를 거쳐 / 대련 끝까지 / 백두 압록 두만에서 금강
을 거쳐 / 남해 뛰어 저 탐라섬의 / 한라산까지 / 먼 오랜 조선족 / 우
리들의 조상 / 우리들의 선민이었단다. / '개마' 혹은 '금' '검' '고마' 였
단다. / 만 년 전 삼만 년 전 혹은 / 석기시대 그 무렵 / 곤륜 이쪽 북
방에서 발해만을 끼고 / 따사한 땅 한반도 서해안까지 / 또는 요하에
서 송화유역 압강으로 나와 / (중략) / 단군조선, 위만조선이 2200백년
/ 낙랑樂浪, 임둔臨屯, 현토玄菟, 진번의 한사군이 50년 / 옥저, 동예, 진
한, 마한, 변한을 지나 / 고구려 700, 백제 700, 신라 1000년 / 다시 또
/ 진 30년, 발해 200년, 후백제가 40년에 / 고려 500년, 조선조가 500
년이다가 / 아, 일제 암흑 36년 / 나라를 아주 잃었었다. (『현대문학』
1977년 4월)

유서 깊고 역사 깊은 한반도 한민족의 역사성을 표현하며 그 위
대했던 그 나라, 한반도 한민족이 결국 나라를 잃었다는 좌절감이
시에 담겼다. 나라사랑에 대한 절절한 마음이 없었다면 불가능한
고백이었다. 박두진 나라사랑의 구심점에는 유구한 한반도 한민
족의 당당한 역사의식이 이면에 깊이 깔려 있다. 그런데 근대사회
로 접어들면서 온갖 굴절된 모습 속에서 수난에 수난의 연속이었
다.[233] 박두진의 '아, 민족'을 세 가지로 분석한 최일수의 기록을 정

---

233) '강물은 흘러서 바다로 간다.'는 시는 8.15 광복이후 6.25, 4.19, 5.16등의 한국현대사 격
동기를 시로 담았다. 핵심적 가치지향은 자유, 민권, 평화, 민주, 자유이다.

리해 본다. [234]

첫째, "사관을 볼 때 씨는[235] 이 장시長詩를 통해 우리 민족이 유민 시절부터 토착화하여 나라를 세우고 정부를 만들어 오늘에 이르기까지 그간 수많은 내우외환으로 극한의 시달림을 받으며 학살적인 공포 속에서도 불사조처럼 모질도록 목숨을 이어온 비극적인 정황을 인식의 토대로 하고 있다. 즉 역사를 긍정적인 면에서보다도 부정적인 면에서 보고 있는데, 그것이 오히려 보다 새로운 긍정을 절실히 갈구하고 있는 것이다."

둘째, "의식면을 볼 때 씨의 민족의식은 약간의 쇼비니즘이 혼합되어 있음에도 지상주의적 폐쇄관이 아닌 민족애로 흘러넘치고 있다는 점이다."

셋째, "시정면을 볼 때 철두철미하게 감동으로 시종일관된 이제까지의 씨의 시풍에 기록적 서술이 가미되었다는 사실이다."

역사의식이 투철한 박두진의 장시(長詩)를 분석한 내용이다. 내용 속에는 민족애와 나라사랑이 깊게 깔려 있음을 알려준다. 이 장편시 이외에도 박두진의 나라사랑이 담긴 시는 '3월 1일의 하늘' '향현' '푸른하늘 아래' '비碑' '오도' '강물은 흘러서 바다로 간다' '인간밀림' '거미와 성좌' 등 다양하다. 시대적 아픔을 묵과하지 않고 나라사랑의 마음을 작품 속에 표현한 것이다. 이들 시 가운데 그래도 민족애와 나라사랑이 좀 더 깊게 담긴 '3월 1일의 하늘'과 '잊어서는

---

234) 최일수, 「박두진의 '아, 민족'」, 『현대문학』, 1971년 5월호.
235) 시인 박두진을 가리킴.

안 될 날이'의 일부를 살펴본다.

　순수하고 다정한 우리들의 누나 / 흰옷 입은 소녀의 불멸의 순수 / 아, 그 생명혼의 고갱이의 아름다운 불길의 / 영웅도 신도 공주도 아니었던 / 그대로의 우리 마음 그대로의 우리 핏줄 / 일체의 불의와 일체의 악을 치는 / 민족애의 순수절정 조국애의 꽃넋이다. ('3월 1일의 하늘')

　사십사 년전이면 반 세기 / 이제는 아득히 전설로 밀려가는 / 그 뜨거운 피의 전설 / 오늘은 3.1만세 독립선언 기념일 / 또 한번의 피울림이 / 마음을 와 때린다. / 맨주먹으로 놈들의 칼을 막고 / 알가슴으로 놈들의 총알을 막고 / 아 플래카드도 없이 / 낡은 트럭 하나 라우드스피커 하나 없이 / 구호도 단 하나 윗마디로 외치던 / 만세, 만세, 독립만세, 만세! / 그 파다아하던 피외침이 가슴을 와 때린다. / 탑골공원에서 육조 앞에서 구리개에서 / 감영 앞에서 남대문에서 / 아니 수원, 천안, 아내장터에서 / 여주, 이천, 안성장에서 / (중략) / 아, 할아버지 할머니 아버지 어머니 / 누이 누이동생 아우와 아저씨 / 아주머니 아낙네 눈 먼 이 벙어리까지 / (중략) /겨레와 나라가 사는 길이라면 / 뭉쳐서 피 외쳐 살릴 길이라면 / 아, 3.1날 같은 / 4.19 같은[236) / 뜨거운 비극 / 장렬한 희망 / 아름다운 불행한 날 있어야겠다. / 잊어서는 안 될 날이 또 있어야겠다. ('잊어서는 안 될 날이')

---

236) 박두진은 민주화를 부르짖는 4.19에 대한 시를 몇 편 썼다. '분노가 잠간 침묵하는'이란 시도 여기에 해당한다. 시에서 박두진은 "젊음이 피로 적신 조국의 자류 / 주검을 밟고 넘어 다시 외친 민권이 / 깃발이 그 승리가 오늘은 어디? / (중략) / 자유가 그 암담 앞에 / 민권이 그 폭풍 앞에 질식하는 / 사월이어 꽃구름 / 분노가 잠간 침묵하는, / 그 암울한 / 조국의 내일 앞에 4.19고나."라고 하며 자유와 민권을 외치는 4.19를 기리고 있다.

박두진의 문학세계가 현실을 등진 순수 문학이 아닌 현실에 눈을 뜬 역사의식이 깊게 배어 있음을 알려주는 시들이다. 이런 박두진의 역사인식은 민족혼을 불러일으키며 독자들로 하여금 나라와 민족의 소중함을 일깨워 준다는 점에서 그 파급력과 영향력은 무엇보다 강한 것이었다. 문제는 나라와 민족이 일제로부터 해방은 맞이했어도 남북으로 나뉘어진 아픈 현실이었다. 시인 박두진은 이를 안타깝게 여기며 역시 시로 자신의 나라사랑 정신을 표현했다.

> 파도가 미처서 종일 / 절벽에 부딪쳐 / 흐느끼고, / 하늘이 파아랗게 / 끊어진 반 허리 성처를 굽어보는 / 조국은 바야흐로 / 무성한 신록. / 그늘이 / 그 햇살 / 찬란한 은총의 날개 밑에 / 전율하고 / 풀향기 물씬대는 아, / 사랑하는 사람들의 / 사랑하는 조국. / 옛날이 얼룩진 / 핏무늬에 얽혀 젖어오고 / 내일에의 기대가 / 그 죽음과 허무의 까만 씨앗 속 / 현란한 장미 빛에 / 움트는 햇살이여! / 바닷가에 혼자 앉아 / 파도를 조용히 굽어보는 / 생각하는 등빠디를 뜨거이 쬐는 부피. / 이제는 / 누구와 되불러도 우리는 고독 / 절규로 피 외쳐도 / 당신은 침묵 / 전신이 찬란하게 바다를 걸어오는 / 그 빛에 색맹하여 / 두 눈 가린다. ('綠陰')

조국의 암담한 현실을 묵묵히 표현한 시이다. "사랑하는 사람들의 사랑하는 조국"에서 박두진의 뜨거운 국민사랑과 나라사랑이 절실하게 느껴진다. 안타깝게 '끊어진 반허리'가 그 사랑을 더욱 애처롭게 만든다. 제목은 푸른 희망의 상징, 새로운 도약의 빛을 띤 '녹음'이지만, 내용 속에서는 조국의 분단을 아파하며 하나 되는 회망, 푸른 색의 '녹음'을 그리고 있다. 오늘날 조국의 가장 큰 희망이라 할 수 있는 평화 통일을 녹음이란 희망적 언어로 표현한 것이다. 그리고 조국이 나아갈 방향을 '선언'하였다. 비장한 시로 조국의 앞날을 희망적인 가치를 담아 표현한 시이다.

> 우리는 우리의 새로운 내일의 언덕을 약취略取하는 맹수이고자 한다. / 우리는 우리의 새로운 내일의 바다를 밀고 나아갈 파도이고자 한다. / 우리는 우리의 새로운 내일의 대지를 기름지울 피와 땀이고자 한다. / 우리는 우리의 새로운 내일의 결실을 약속하는 씨앗이고자 한다. / 우리는 우리의 새로운 내일의 지혜를 축적하는 배암이고자 한다. / 우리는 우리의 새로운 내일의 역사를 계시하는 나팔이고자 한다. / 우리는 우리의 새로운 내일의 평화를 꽃날리울 비둘기이고자 한다. / 우리는 우리의 새로운 내일의 조국을 전진시킬 수레바퀴이고자 한다. / 우리는 우리의 새로운 내일의 승리를 펄럭거릴 기수이고자 한다. ('선언')

나라의 앞날을 진취적 표현으로 희망을 선언한 시이다. 동어반복을 사용한 것은 강조의 용법이었다. 핵심은 '새로운 내일'이다. 본문 내용 속 조국의 미래는 '맹수' '파도' '씨앗' '피와 땀' '배암' '나팔' '비둘기' '수레바퀴' '기수'는 향후 나라가 지향해야할 사회 모습에서 시인 박두진이 매진하고자 하는 모습이 담겼다. '맹수'와 '파도'는 어떠한 역경 속에서도 이겨 내겠다는 의지가 담겼다. '씨앗' '피와 땀' '수레바퀴'란 시어 속에는 조국을 위해 자신이 헌신, 봉사, 희생하겠다는 뜻을 담았다. 하지만 일을 하더라도 지혜와 용기, 결단이 필요하다. 이에 박두진은 '배암' '나팔' '기수'란 언어로 자신의 의지를 구체화하였다. 그리고 조국이 나아갈 방향은 무엇보다 평화였다. '비둘기'를 드러낸 까닭이다. '선언'을 통해서 박두진은 나라의 나아갈 방향과 본인의 의지를 담으며 조국사랑의 뜻을 분명히 한 것이다. 이렇게 밝아오는 '새날에' 그 결론을 담았다.

우리는 우리들의 내일의 / 새로운 파도를 일으키기 위하여 일어나자. / 우리는 우리들의 내일의 / 새로운 씨앗을 뿌리기 위해 피와 땀을 붓자. / 우리는 우리들의 언덕에 / 우리들의 피로 젖은 / 자유의 깃발을 꽂자. / 우리는 우리들의 슬픈 어제 / 우리들의 분열 우리들의 증오 우리들의 앙갚음 / 우리들의 배반 우리들의 헐뜯음을 / 일체의 어제의 것을 기억하지 말자. / 그대로 맥박 치는 한 빛갈로 붉은 피 / 그대로 고동하는 심장과 심장을 / 아, 맞대자. / 가슴과 가슴을 피와 피를 맞대자. / 뜨거운 겨레 안에 스스로를 죽이자. / 한 알 씨앗이 떨어져 대지로 돌아가듯 / 한 줄기의 실개천이 바다로 합쳐 가듯 / 우리는 어제를 오늘에게 오늘을 내일에게 / 내일을 영원에게 묻자. / 그리고 일어나자. / 우리들의 어린 것 우리들의 다음 겨레 우리들의 조국 / 우리들의 다음 역사 / 영원한 삶을 위해 / 우리는 / 우리들을 묶어온 비운의 쇠사슬 / 피 묻은 쇠사슬을 불을 모아 끊자. / 우리는 우리들을 가둬온 육중한 불행의 문 / 절망의 무쇠문을 일제히 밀자. / 우리들의 앞에 열릴 새 바다를 펼치자. / 우리들의 앞에 날릴 새 깃발을 꽂자. ('새날에')

박두진이 생각하는 나라의 앞날을 노래한 내용이다. '선언'으로 다진 나라사랑의 모습을 '새날에'에서 확인한 것이다. 주로 자연을 노래했던 박두진이 국가의 장래를 생각하며 비장한 언어로 나라의 희망을 노래한 것이다. 억압과 굴레 속의 '쇠사슬'을 끊고 '새 바다'를 펼치자는 외침은 자연 시인 다운 결말이라 할 수 있다. '쇠사슬'은 인간이 만든 억압의 도구이지만, '바다'는 무한한 가능성을 지닌 세계이다. 무한한 세계에 깃발을 꽂고 희망찬 나라를 구상하고 함께 나서자는 외침이 시에 담겼다. 자유를 향한 외침이었다. '꽃과 항구'란 시에서 "자유는 피와 생명에 뿌리하여,"[237]라 했다. 자유란 그냥 생기는 것이 아니라 희생, 곧 피가 있어야 한다고 했다. 그것이 생명력 있는 자유란 것이다. 그리고 마침내 사랑하는 조국, '아, 조국'을 불러보자는 외침으로 박두진의 나라사랑은 메아리졌다.

　　한번쯤은 오늘 아침 조국을 불러보자. / 한번쯤은 오늘 아침 스스로를 살피자. / 바람과 햇볕살과 강줄기와 산맥 사이 / 살아서 길리우다 죽어 안겨 품에 묻힐, / 조국은 내가 자란 육신의 고향 / 조국은 나를 기른 슬픈 어머니. / 백두 먼 천지 위에 별이 내리고 / 남해 고운 한라 아래 파도 설레는 / 지금은 열에 띄어 진통하는 조국의 / 지금은 안에 끓어 신음하는 자유의 / 한번쯤은 눈을 들어 조국을 불러보자. / 한번쯤은 오늘 아침 스스로를 살피자. / 깃발은 불멸의 것 기리 휘날릴 / 이념이 녹쓸으랴 겨레 사람아. / 가슴은 조국의 것 기리 뜨거울 / 사랑이 가라 앉으랴 한 피 사람아.

---

237) 박두진, 『박두진 시 전집』 2 홍성사, 2017년, 64면. 피와 생명으로 이뤄진 자유는 그렇기 때문에 "피는 꽃보다 값지고, 자유에의 불꽃은 죽음보다 강하고나."라고 했다.

박두진의 나라사랑이 간절하면서도 강하게 표현된 시이다. 특히 마지막 구절에서 '가슴은 조국의 것'이라며 뜨거움을 상징하는 가슴을 시어로 사용하며 조국에 대한 열정을 표현했다. 그 사랑은 뜨거운 피의 산물이기 때문에 사라지는 게 아니란 표현도 썼다. 아무리 이념의 사슬에 조국이 신음한다 해도 이를 녹일 수 있는 뜨거운 피와 가슴이 있으니 조국의 앞날에는 희망이 있다는 절규가 담겼다. 그리고 그 방법, 나라사랑의 방법은 '조국을 불러보자'는 것이었다. 나라사랑의 정신은 엄청난 것이 아니라 단지 불러만 봐도 그 정신을 살릴 수 있다는 말이다.

박두진은 이렇게 서정적 표현으로 나라사랑 정신을 표현하면서 민주, 자유, 민권을 핵심 가치로 삼았다. 실제 이런 가치를 실천하면서 그는 애당초 예술원 회원으로 추대되었지만, 군부독재 시절 그들의 혜택을 받을 수 없다며 거절하다가 문민정부가 들어선 이후 활동을 시작했다고 한다.[238] 군인이 아닌 민간인 출신이 이끄는 김영삼 정부(1993~1998)를 말한다.

여기서 "아름다운 강산에 아름다운 나라를, / 아름다운 나라에 아름다운 겨레를, / 아름다운 겨레에 아름다운 삶을 / 위해 / 우리들이 이루려는 민주공화국. / 절대공화국."은 박두진 나라사랑의 핵심이 되었던 것이다.

---

238) 박두진 나라사랑의 핵심 가치는 '자유주의' '민주주의' '민주주의 공화제' '자유공화국'이란 시어에 담겼다. 이 시어는 '강물은 흘러서 바다로 간다.'의 시에 있다. 그리고 민주정부에 대한 정치적 이념에 따른 판단은 『박두진 시 전집』1 홍성사, 2017년 239면에서 참조했다.

바. 자연사랑·환경보호

박두진을 등단시킨 정지용은 박두진의 시를 평가하며 "무슨 삼림에 풍기는 식물성의 것" "시단에 하나 신자연을 소개"[239]하였다고 평했다. 자연사랑의 기초를 알려주는 평가라 할 수 있다. 특히 초기시의 특징이 이런 자연 이미지와 깊게 관련되어 있다. 비록 자연의 시어를 사용했더라도 이는 현실 비판의식을 함께 담고 있는 것이 특징이다.[240]

이렇듯 박두진의 시에는 자연개념이 많이 나온다. 예컨대 '산', '바다', '물(수석)' 등이 박두진 시의 키워드가 된 것이다. 그의 시는 자연과 조화를 이루는 '천인합일天人合一', 곧 동양적 세계의 모습이 떠오른다. 서양인의 '천인분리天人分離'의 사고와는 확연히 다르다. 자연과 인간의 조화가 박두진 시의 자연스런 배경이 되었다. 그런데 보통 모더니즘이란 시의 입장에서는 현대시를 가리킨다. 도시를 찾고 기계문명이 등장하는 것을 말한다. 과학문명을 노래하고 예찬하는 경향이다. 그리고 도시적인 것과 문명적인 것을 배격하며 나타난 것이 자연이다.[241] 편리만을 추구하는 기술, 과학문명과 마음에 푸근함을 주는 자연은 크게 다르다. 박두진의 시세계는 목가적牧歌的 자연을 추구하며 기술, 과학문명을 멀리했다.

---

239) 정지용, 『정지용전집 2 - 산문』, 민음사, 1994년, 286면.
240) 금동철, 「박두진 초기 시에 나타난 자아의 존재방식」, 아세아연합신학대학교 신학연구소, 『ACTS 신학저널』 27권, 2016년, 280면.
241) 신용협, 『現代韓國詩硏究』, 국학자료원, 1994년, 225면.

"하늘, 별, 달, 햇살, 태양, 나무, 꽃, 구름, 물고기, 기러기, 풀벌레,
소리, 풀잎, 모래밭, 들, 빗줄기, 바람소리, 눈, 먼산, 황토흙, 저녁놀
우선 이런 자연환경에 묻혀들 때는 무엇인가 가슴 속에 하나 가득 벅
차오르는 것이 있었다. 서로 느끼기보다는 그 환희와 비애를 말로는
할 수 없고 글로 표현하고 싶은 의욕으로 꽉 찼다. 감각으로 느끼기
보다는 정감과 정서로 먼저 느끼면서 무엇보다도 먼저 어떻게 하면
그 느낌 그대로 표현할 수 있을까 하는 그 표현하고 싶음이었다."242)

자연 그대로의 시어들이다. 이들 단어를 활용하여 시를 쓰면 '가
득 벅차 오른다'고 하는 박두진의 고백은 자연을 노래하는 시인의
자연사랑이 몸으로부터 느껴지는 순간이다. 얼마나 자연사랑이
강했으면 "환희와 비애를 말로 다 할 수 없다."고 하였을까. 그 기
쁨, 환희는 계속해서 이어진다.

"이러한 의욕의 상태는 한동안 지속되었다. 어렸을 때의 자연경에
따른 자연 공감은 선천적인 것이었고 발달한 것이었다. 궁극적일 뿐
아니라 동경적이었고 미래지향적이며 즉흥, 현실적인 동시에 사상적
이며 이상적인 것이었다. 결국 나는 시의 첫 문을 이 자연의 감동과
그 소재로써 연 셈이었다. 이러한 사실은 발동이 의식적이거나 요청
적이 아니고, 작위적이거나 타동적이 아니라는 점에서 매우 자연스
러웠고 선천적이었고 생래적이었다."243)

242) 박두진, 『현대시의 이해와 체험』, 신원문화사, 1996년, 104면.
243) 박두진, 『현대시의 이해와 체험』, 신원문화사, 1996년, 105면.

자연사랑은 결국 의도적이거나 교육에 의한 산물이 아니라 생래적, 본질적, 본래적이었음을 표현하였다. 자연을 바라보며 자연의 언어로 시를 쓰면서 벅찬 감격이 우러나온 것은 바로 여기에 연유한다고 하겠다. 생명 넘치는 자연의 시어로 또 자연을 사랑하는 마음으로 작품을 썼으니 시에도 생명이 넘쳤다.

"나 자신 무한한 희열과 법열을 자연에서 느낄 수 있었고 보다 더 고상하고 영원한 그 어떠한 우리의 이상일지라도 자연을 매개해서처럼 청신하고 절실하게 형성시키고 전달할 수 없는 것으로 나는 생각했던 것이다. 자연은 영원히 새로운 것이며 어떠한 신의 말씀 어떠한 신의 섭리도 자연의 이미지로써 설명 비유 전달될 수 있고 어떠한 풍부하고 고상한 인류의 이념이나 이상도 자연의 이미지를 통해서 창조 설명되고 형성 비유될 수 있는 것으로 나는 생각했던 것이다."[244]

박두진의 자연예찬은 신과의 소통과도 같은 절대적인 것이었다. 이는 도시적인 것, 문명적인 것, 기계적인 것, 인위적인 것에 대한 강한 반발에서 나왔다. 박두진의 초창기 시에 '산'과 '바다', '하늘'이 많이 등장하는 것은 이런 그의 생각을 극명하게 보여준다.

그런데 박두진의 자연을 노래한 시세계 역시도 박목월에게서처럼 단순 자연환경을 노래한 것이 아니다. 자연을 통해 자신의 세계관을 피력했다. 앞서 말한 나라사랑과 연관되어 있다. 장차 다가올 희망적인 나라의 모습을 자연환경을 통해 노래한 것이다.

---

244) 박두진, 『시와 사랑』, 신흥출판사, 1960년, 36면.

아랫도리 다박솔 깔린 산 넘어 큰 산 그 넘엇산 안 보이어 내 마음
둥둥 구름을 타다 / 우뚝 솟은 산, 묵중히 엎드린 산, 골골이 장송長松
들어섰고 머루 다랫넝쿨 바위 엉서리에 얽혔고, / 샅샅이 떡갈나무
억새풀 우거진 데 너구리, 여우, 사슴, 산토끼, 오소리, 도마뱀, 능구
리 등, 실로 무수한 짐승을 지니인, / 산, 산, 산들! 누거만년累巨萬年 너
희들 침묵沈默이 흠뻑 지리함즉 하매, / 산이여! 장차 너희 솟아난 봉
우리에, 엎드린 마루에, 확 확 치밀어 오를 화염을 내 기다려도 좋으
랴 / 핏내를 잊은 여우 이리 등속이 사슴 토끼와 더불어 싸릿순 칡순
을 찾아 함께 즐거이 뛰는 날을 믿고 기다려도 좋으랴? ('향현香峴')

다박솔, 떡갈나무, 억새풀, 너구리, 여우, 오소리, 도마뱀, 능구리
등등 전원적, 향토적, 목가적, 자연적 시어들이 주로 등장했다. 이
를 해석하는 일부 전문가들은 이런 풍경언어들은 일반 서정시에
잘 나타나지 않았다고 한다.[245] 산을 묘사한 것도 다른 시와 비교가
된다. '우뚝 솟은 산' '묵중히 엎드린 산' 같은 기법이다. 이런 산들
은 '누거만년' 조용하게 살아온 동방의 고요한 나라를 상징한다. 그
런데 이러한 산들에게 엄청난 시련이 찾아왔다. 일제 암흑기이다.
새로운 시대를 맞아 민족이 다시금 분기충천할 때이다. 생의 기운
을 떨쳐야 한다. 해방을 기다리는 마음을 자연적, 목가적, 향토적
언어로 담았다. '향현香峴'은 구약시대 선지자 이사야가 묵시적으로
말한 낙원의 모습을 상징한다. '기독교적 이상향'[246]을 자연의 시어

---

245) 최승호, 「『청록집』 시의 풍경 연구」 한국현대문예비평학회, 『한국문예비평연구』 41권,
    2013년 8월, 223면.
246) 곽효환, 「『청록집』의 일제 식민지말 현실인식 연구」, 한국문학연구학회, 『현대문학의 연

로 담은 것이다.

"이리와 어린 양이 함께 먹을 것이며, 사자가 소처럼 짚을 먹을 것이며, 뱀은 흙으로 식물을 삼을 것이니, 나의 성산에서는 해함도 없겠고, 상함도 없으리라. 여호와의 말이니라."[247]

장차 도래할 나라가 하나님 나라라면, 박두진은 여기서 그 나라를 이상으로 하며 자연을 빗대어 노래한 것이다. 순수한 어린양이 사나운 이리와 함께 먹고 무서운 사자가 순한 소처럼 풀을 먹는 모습, 자연 아닌 자연의 모습으로 이상형을 그렸다. 역시 효하모니 공동체의 이상향이다.[248] 거기에는 죽음도 아름답게 미화되었다. '묘지송'이 대표적이다. '묘지송'에는 어두운 현실 극복을 위한 메시아적 이상향이 그려져 있다.[249]

> 북망北邙이래도 금잔디 기름진대 동그만 무덤들 외롭지 않으이. / 무덤 속 어둠에 하이얀 촉루髑髏가 빛나리. / 향기로운 주검의 내도 풍기리. / 살아서 살던 주검 죽었으매 이내 안 서럽고, / 언제 무덤 속 화안히 비춰줄 그런 태양만이 그리우리. / 금잔디 사이 할미꽃도 피었고, / 뼤이 뼤이 배, 뱃종! 뱃종! / 맷새들도 우는데 봄볕 포근한 무덤에 주검들이 누웠네. ('묘지송墓地頌')

구』60권, 2016년 10월, 25면.

247) 이사야 65장 25절

248) 최성규, 『우리가 꿈꾸는 하모니 세상』효&하모니선교회, 2014년,8~10면 참조.

249) 신익호, 「박두진의 '묘지송' - 어두운 현실극복을 위한 메시아적 이상향 추구」, 국학자료원, 『한국현대시 대표작품 연구』, 1998년, 407~409면.

북망, 촉루, 무덤, 할미꽃, 주검 등의 시어는 대개 음산하거나 허무적인 언어로 사용되었다. 북망산으로 중국 하남성 낙양 북쪽에 무덤이 많이 있는 곳이다.[250] 이후로 사람이 죽으면 가는 곳을 가리켰다. 무덤가에 금잔디가 기름지게 자라나는 것은 역설적 현상이다. 종말의 공간에 희망이 함께 싹이 트는 것이다. 무덤이라는 종말의 공간에서 환히 빛나는 태양도 마찬가지다. 무덤은 삶과 죽음의 대립 공간이 아니라 생사가 공존하는 가운데, 강한 생명력을 내포하고 있다. 금잔디가 기름지게 자라나는 공간으로의 탈바꿈이다. '어둠'은 역경, 슬픔, 죄악, 고난, 불의, 심판을 가리킨다. '밝음(빛)'은 번영, 행복, 축복, 정의 등을 뜻한다.[251] 종말에서 희망찬 미래를 소망에 찬 시어로 탈바꿈하여 이런 시가 되었다. 새로운 풍경언어로 이런 시어가 사용된 것이다. 그래서 제목도 '묘지송'이다. 부활신앙이 자연의 언어로 재탄생하며 효하모니 공동체의 희망을 박두진의 시에서 찾게 된다. '도봉'이란 시에서도 지향하는 바와 서술 방법이 같았다.

산山새도 날러와 / 우짖지 않고, / 구름도 떠가곤 / 오지 않는다. / 인적 끊인 곳, / 홀로 앉은 / 가을 산山의 어스름. / 호오이 호오이 소리 높여 / 나는 누구도 없이 불러보나. / 울림은 헛되이 / 빈 골 골을 되도라 올뿐. / 산山 그늘 길게 느리며 / 붉게 해는 넘어가고 / 황혼

---

250) 중국 하남성 낙양 북쪽에 있는 산으로, 옛날의 왕후나 공경(公卿)들이 대부분 이곳에 묻혔다고 한다.
251) 신익호, 「박두진의 '묘지송' - 어두운 현실극복을 위한 메시아적 이상향 추구」, 국학자료원, 『한국현대시 대표작품 연구』, 1998년, 410~413면.

과 함께 / 이어 별과 밤은 오리니, / 생生은 오직 갈사록 쓸쓸하고 / 사랑은 한갓 괴로울 뿐. / 그대 위하여 나는 이제도 이 / 긴 밤과 슬픔을 갖거니와, / 이 밤을 그대는 나도 모르는 / 어느 마을에서 쉬느뇨. ('도봉(道峯)')

자연을 노래하는 것 같지만 사실은 시대의 아픔을, 자연을 통해 유비적으로 표현했다. 일제 말기의 조국의 주권을 잃은 아픔을 자연적인 언어로 표현한 것이다. 민족적 절망감이 곳곳에 숨어 있다. 거기서 오는 자신의 외로움과 참된 조국에 대한 그리움을 달래기 위해 시인은 도봉을 다니면서 작품을 썼다. 1~3연에서는 쓸쓸하고 적막한 가을 도봉산의 풍경을 묘사했다. 4~8연에서는 누군가를 불러 보지만 헛되이 메아리만 돌아오는 쓸쓸한 현실을 노래했다. 9~10연에서는 절망과 슬픔을 표현했다.[252] 그리고 그 안에 희망이 있음도 표현했다. '밤'은 암울한 민족적 현실이지만, "그대는 나도 모르는 어느 마을에서 쉬느뇨."는 새로운 나라에 대한 희망이다. 절망과 희망을 함께 도봉산을 다니면 구상한 것이다. 이것이 박두진 시인의 나라사랑의 표현방법이다.

사. 이웃사랑, 인류봉사

앞에서 보았듯, 박두진은 부모와 가정에 대한 정겹고 따뜻한 마음을 시로 표현했다. 크게는 나라에 대한 사랑을 대서사시로 표현

---

252) 시에 대한 해석은 곽효환, 『『청록집』의 일제 식민지말 현실인식 연구』, 한국문학연구학회, 『현대문학의 연구』60권, 2016년 10월, 23면에서 참고하였다.

했다. 이웃에 대한 마음도 마찬가지였다. 가깝게는 고향에 있는 이웃을 그리면서 그 의미가 확대되었다.

추경秋耕은 다 쳤소? / 그 마슬 앞 웅덩백이 / 삼배출三倍出 자리 구렛논은 자네가 그저 부치겠지? / (중략) / 고향을 내가 떠나오던 / 우리 서로 헤어진 지가 벌써 27,8년이 되었구료. / 그 때 같이 놀던 재돌이, 수억이, 길영이, 석복이랑 다 잘들 사오? / 뱁새눈이니, 늑대니, 먹보니, 점백이니 하던 별명을 가진 그때의 노인들은 그동안 다들 저세상 사람들이 되었겠지. / (중략) / 이맘때 겨울밤이면 싸리삽작이 쩔렁하고 / 차시루떡이 서로 돌고, 이슥해서 헤어질 때면 / 달도 퍽은 밝았었지. / (중략) / 뜻뜻한 방에 불이나 훨훨 지피고 / 푹은한 눈겨울의 시골맛도 좋겠지만 / 좀 있다 설밑쯤 해서 서울에 한번 안 오겠소? / 이런저런 옛 얘기도 나눌 겸 / 부디 한번 오구료. ('고향에 부치는 편지 - 어릴 때 자라던 마을의 운복運福에게')

1960년 1월에 쓴 시이다. 고향의 친구들과 이웃을 향한 정을 듬뿍 담았다. 울타리 없이 이웃을 내 집처럼 드나들던 시절의 이야기를 정겹게 다뤘다. 이런 정서로 주변을 돌아보며 시인의 정서를 가다듬었다. 그리고 더 넓고 큰 세계를 향한 사랑을 펼쳤다. 박애정신이다. 이 땅에 많은 시인들이 있었지만, 박두진처럼 단호하면서도 엄중하게 한결같은 정서로 시작詩作 활동을 한 사람은 드물지만, 그 정서의 중심에는 박애博愛가 있었다. 생명력의 충일과 속박 없는 자유를 갈망하는 박애정신이다. 박애정신의 외면적 지향은 당연히 이웃에 대한 사랑과 봉사가 깔려 있다. 인류에 대한 봉사와 헌신이 뒷받침 되어 있다는 것이다.

박두진이 활동하던 시기는 일제 식민지 시절이었다. 민족적 암흑기를 살면서 박두진은 희망적 세계를 시로 표현하면서 궁극적으로는 인류애 정신을 작품 속에 담았다. 박두진 본인이 자신의 작품을 해설한 『시와 사랑』에 그 일단이 있다.

> "문학 - 시를 그 시대적인 발전의 상모와 교체면에서 무슨 유파나 주의나 조류로 개괄하거나 분류해 보고, 그러한 진보를 전제로 하는 역사적인 방법으로 하는 문학에 대해서 흥미를 느끼는 반면..... 그러한 유파나 주의나 조류나 시대를 초월하는 영원성 있는 문학의 저항에 대해서 나는 더 깊은 경의와 흠모를 갖게 되었다. 전 인류적인 것, 범인간적인 것, 세계적인 것, 영원하고 근본적인 성격을 띠는 것이 그때의 내 모든 사고의 명제 범주였다. 사랑, 평화, 자유, 평등, 진리, 구원, 성에 대한 문제로 경도 하에 된 것도 이 시기로부터였다."[253]

박두진 문학이 추구하는 궁극적 목표와 목적이 무엇인지 담겨 있는 글이다. 시인은 궁극적으로 '전 인류적', '범 인간적', '세계적인 것'을 추구하였다. 그 내면에는 사랑, 평화, 자유, 평등, 진리, 구원 등의 가치관이 있다. 7효의 이웃사랑, 인류봉사의 정신과 맞닿아 있는 부분이다. 이런 생각을 갖게 된 배경도 흥미 있다. 본인 시의 방향을 새롭게 구성한 데 따른 스스로의 평가이자 다짐이다.

그 불의와 악과 썩은 것을 보다 못해 / 기만과 강압과 학살에 참다

---

253) 박두진, 『시와 사랑』, 신흥출판사, 1960년.

못해 / 일어선 / 10대의 순열 20대의 열혈들의, / 피흘리며 쓰러지고 / 쓰러지며 뛰어 넘어 / 그 이미 수축화한 악의 아성 / 그 근원으로 육박하던 / 피불길의 노도를 ('우리는 보았다')

　　아름다운 강산에 아름다운 나라를 / 아름다운 나라에 아름다운 겨레를 / 아름다운 겨레에 아름다운 삶을 / 위해 / 우리들이 이루려는 민주공화국 / 절대 공화국 / 철저한 민주정체 / 철저한 사상의 자유 / 철저한 경제균등 / 철저한 인권평등의 / 우리들의 목표는 조국의 승리 / 우리들의 목표는 지상에서의 승리 / 우리들의 목표는 / 정의, 인도, 자유, 평등, 인간애의 승리인 / 인민들의 승리인 / 우리들의 혁명을 전취할 때까지. ('우리들의 기빨을 내린 것이 아니라')

　시의 흐름은 강산 → 나라 → 겨레 → 인간의 삶의 과정이다. 강산은 터전이고 그 터전에 나라라는 울타리가 있고, 혼과 넋이 어린 겨레가 있다. 하지만 여기서 시는 끝나지 않았다. 인간의, 인류의 보편적 가치를 포괄하는 인간의 삶을 궁극적 목적에 두었다. 이를 위해서는 다시 민주, 자유, 평등, 조국이 필요하다. 그리고 종국에는 인간애人間愛가 있다. 역시 인류애人類愛가 핵심이다. 박두진의 시세계를 '더불어 사는 세상'의 '간절한 자의 목소리'로 표현한 것도 인간애와 인류애 정신이 빛나는 작품이 발견되기 때문이다.[254] 장편시 '아, 민족'에도 박두진의 인류애 정신은 빛이 난다.

---

254) 김대행, 「박두진의 '해' - 간절함과 읊조림」, 국학자료원, 『한국현대시 대표작품 연구』, 1998년, 398~399면.

산에서는 사냥 / 들에서는 농사 / 바다에서는 바다의 보배 고기를 잡으며 / 길삼 해서 옷입고 / 나무 베어 집짓고 / 아들딸들 대대로 자손 이어가며 / 이웃 서로 도웁고 / 노인들은 공경하고 / 하늘의 신神은 높이 섬겨 / 생명에는 자비慈悲 / 인간에게는 사랑을 / 세상 모두는 평화를 / 겨레의 내일은 번성繁盛 / 땀흘리며 일하며 / 예술藝術을 빚고 / 깊은 이치는 학문學問으로 닦고 밝히며 / 하늘의 뜻과 / 사람의 도리를 찾아 왔었다. ('아, 민족'에서 일부)

시어 사용은 현대 맞춤법과는 다르지만 의미가 통하는 한 박두진의 표현 그대로를 썼다. 핵심개념을 의미로 풀어간 것이 흥미롭다. 산 → 사냥, 들 → 농사, 바다 → 고기, 길삼 → 옷, 나무 → 집은 모두 인간 삶의 터전이고, 이것은 거기서 일어나는 생존의 기본 조건들이다. 하지만 여기서 끝나지 않았다. 아들딸 → 자손, 이웃 → 돕는 존재, 노인 → 공경 등을 말하며 삶의 행복 조건을 함께 말했다. 가족사랑, 이웃사랑, 어른공경의 내용을 기본 조건 다음에 담았던 것이다. 그리고 하늘 → 섬김, 생명 → 자비, 인간 → 사랑, 세상 → 평화, 겨레 → 번영의 궁극적 이상을 말했다. 이웃사랑, 인류봉사의 정신이 시에 담긴 것이다. 그것이 당연히 지켜야할 '사람의 도리'란 것이다.

V. 결론

　박목월과 박두진의 시 작품에 나타난 7효의 요소를 정리했다. 7
효는 효의 현대성과 확장성을 담아내는 매우 신선한 의미를 지니
고 있다. 특히 전통적 효개념이 부모공경에 치중하고 있는데 비해
7효는 절대자 하나님을 아버지로 섬김, 부모·어른·스승 공경, 자
녀·어린이·청소년·제자사랑, 가족사랑, 나라사랑, 자연사랑·환경
보호, 이웃사랑·인류봉사의 내용을 담고 이를 효개념의 확장으로
정리한 것이다.

　첫째, 하나님을 아버지로 섬김이 효가 되는 까닭은 아버지를 공
경하듯 아버지의 아버지, 곧 최초의 존재에 대한 섬김이니 효의 본
질적 내용에 해당한다. 기독교적 신앙의 관점이 아니더라도 본질
적 존재에 대한 존중과 섬김은 종교를 망라해서 주장하는 바이기
때문에 근원에 대한 존중과 공경이란 차원에서 매우 의미 있는 것
이라 하겠다. 여기 박목월과 박두진 모두가 기독교 신앙을 갖고 시
로써 하나님 섬김의 도리를 표했으니 효의 가정 본질적 요소를 실
천한 셈이다.

　둘째, 부모·어른·스승 공경의 효이다. 이전에는 단지 부모에 대

한 공경만을 효라고 표했는데, 7효에서는 어른과 스승도 같은 반열에서 공경의 대상으로 말했다. 대가족사회에서 핵가족사회, 다시 혈연중심에서 공간중심으로 가족문화가 급변하는 환경에서 매우 적절한 확장이라 생각한다. 이제 효의 대상은 부모는 당연하고, 혹 부모가 아니더라도 주변의 이웃 어른과 가르쳐주신 스승에 대한 공경이 효라는 사실을 직시하며 새롭게 정리해 나간다면 효는 행복한 사회 만드는데 매우 핵심적인 가치가 되리라 생각한다. 박목월과 박두진은 특히 어머니에 대한 남다른 생각이 있었고, 이것이 시로 표현되면서 부모공경이 문학적 상상력으로 절절하게 승화되었다.

셋째, 어린이·청소년·제자사랑의 효이다. 일반적으로 효는 아래에서 위로 하는 것을 말하고, 위에서 아래로 하는 것을 사랑이라고 말한다. 하지만 7효 개념에서는 부모·어른·스승공경을 효라 할 뿐만 아니라, 그들이 아래로 어린이·청소년·제자사랑도 효라고 말한다. 비록 태어난 데에는 선후가 있지만, 이 땅에서 살 때에는 상호존중의 수평적 사랑이 중심을 이뤄야하기 때문이다. 아무리 기본적인 장유유서長幼有序의 질서가 존중되고 중요하더라도 아래로 젊은이들을 사랑하고 아끼는 것은 늘 함께 따라야 할 가치이다. 이는 그간 전통적 수직적 일방적 효에 대한 반성이라 할 것이다. 박목월과 박두진은 본인의 어린시절 부모로부터 받은 사랑과 또 본인들이 성장해서 자신의 자녀들을 어떻게 사랑했는지, 본문에서는 일상 속의 일화를 통해서 설명했다. 일부는 시로도 승화하여 말했다.

넷째 가족사랑의 효이다. 인간이 태어나서 제일 먼저 경험하는 공동체가 가족이고, 가족구성원으로는 부모·형제·자매를 기본으로 주변 혈연으로 이어진 친인척 모두를 말한다. 같은 조상과 피에서 나왔으니 당연히 사랑하고 존중해야 할 관계이고 대상들이다. 효가 존중되는 한국사회에서는 더욱더 가족사랑은 소중하고, 또 거기서 좀 더 큰 공동체에 대한 사랑과 공경의 마음이 싹이 튼다고 할 것이다. 박목월 박두진 두 시인은 특별히 가족에 대한 애틋한 정서가 삶 속에 매우 깊었다. 7효의 첫 번째 항목이었던 하나님을 아버지로 섬기는 신앙도 가족과 더불어 깊어갔고, 그에 따른 고마운 마음을 시로 표현하기도 하였다.

다섯째, 나라사랑의 효이다. 옛날에는 나라사랑을 충忠이라 말했지만, 충은 효의 연장에서 나왔다. 부모를 공경하는 마음으로 나라 공동체에 대한 사랑과 공경이 이어진다면 행복한 나라가 될 수 있기 때문이다. 그래서 옛날에는 "효자집안에서 충신이 나온다."고 했다. 효와 충이 연속적임을 말해준다. 나라 없는 나와 가정이 있을 수 없기 때문에 나와 가정의 효가 중요하다면 나라사랑은 당연한 결과라 하겠다. 두 시인의 일제강점기와 6.25한국전쟁, 그리고 연이은 4.19민주화 운동이란 역사의 굴곡진 시대의 삶을 살면서 민족적인 비극 앞에서는 희망을 시로 노래했고, 민주화의 몸부림 속에서는 청년들을 위로하고 격려하는 글로 자신의 입장을 표현했다. 시대에 어울리는 나라사랑 모습을 구체화해서 보인 것이다.

여섯째, 자연사랑·환경보호의 효이다. 본문에서는 성경과 동양 고전에서 말하는 자연환경보호와 효의 관계를 말했다. 나와 부모, 가족과 나라가 이 땅에서 행복하게 살기 위해서는 우리의 터전, 자연환경이 아름답게 보존되어야 한다. 부모공경, 가족사랑, 나라사랑을 위해서는 자연환경이 온전하게 뒷받침되어야 한다는 뜻이다. 자연환경이 훼손되고 오염된다면 나와 부모도 가족도 나라도 온전할 수 없으니 그에 따른 사랑과 보호는 매우 중요한 의미를 갖는다. 특히 박목월과 박두진 시인은 청록파 시인으로 자연을 찬미하는데 누구보다 앞장섰던 문학가들이다. 아름다운 자연의 모습을 시로 담으며 자연의 순수성을 보존하고 이어가려는 의지의 표현이 시에 담겼던 것이다.

일곱째, 이웃사랑·인류보호의 효이다. 효가 내부모, 내가족에 머문다면 그런 효는 가족이기주의를 양산할 뿐이다. 내부모, 내가족 사랑하는 마음을 넓혀 나가면서 이웃과 온 인류에게까지 뻗쳐 나가야 효는 보편적 가치로서 설득력을 지닌다. 그런 점에서 박목월과 박두진은 공통적으로 기독교적 인류애사상과 박애정신으로 시를 쓰고 자신의 일생을 살았다. 효의 확장에 자신의 삶 뿐만 아니라 작품세계 펼쳤던 것이다.

이상과 같이 일곱가지로 이 논문의 서술목적을 정리했다. 한 마디로 박목월, 박두진의 다양한 시세계를 7효의 관점에서 정리한 것은 이 논문이 본래 추구하려했던 목적을 충족시킨 것이라 생각한다.

본문에서 핵심적으로 다룬 7효에 입각한 박목월, 박두진 두 시인의 삶과 작품세계를 정리했다. 두 사람은 비슷한 시기에 태어나 비슷한 생각을 갖고 문학자의 길을 가면서 수많은 시를 남겼다. 특히 7효로 조명되는 두 사람의 시는 오늘날 효를 연구하고 교육하는 사람들에게는 매우 시사하는 바가 크다고 하겠다. 특히 자연을 찬미하면서 자연사랑은 물론이거니와 그 안에 하나님 섬김, 부모공경, 가족사랑, 자녀사랑, 나라사랑, 이웃사랑을 노래한 것은 그들의 작품 자체가 7효와 직결되고 있음을 보여준다. 이 연구에서 같은 청록파 시인이면서도 조지훈을 다루지 않은 것은 이런 것과 직결된다. 다시 말해, 자연사랑이란 공통된 요소가 작용하면서 특히 첫 번째 항목이었던 하나님 섬김 부분에서 차이가 있었기 때문이다. 아쉽고 안타까운 점이라 하겠다.

앞으로 문학적 차원에서 7효의 확장성과 다양성, 현대성과 장래성을 고려하며 더 많은 시인들과 문학자들을 연구 접목하는 것은 의미 있을 것으로 사료된다. 효의 보편성과 가치 확장을 위해서도 그렇고 문학작품의 효와의 연관성을 위한 기반 확대 차원에서도 그렇고 효개념이 갖는 다의성을 문학작품에서 찾아보는 것은 매우 의미 있는 연구라 생각한다.

참고문헌

○ 단행본

최성규,『최성규의 효행복』성산서원, 2016년

_____,『최성규의 효고집』성산서원, 2011년

_____,『최성규의 효신학』성산서원, 2016년

_____,『최성규의 효운동』성산서원, 2016년

_____,『효신학개론』성산서원, 2010년

_____,『우리가 꿈꾸는 하모니 세상』효&하모니선교회, 2014년

_____,『최성규의 하모니HYO』, 성산효대학원대학교, 2020년

박목월 외,『청록집』, 을유문화사, 2006년

_____,『박목월 시선집』, 서문당, 1993년

_____,『어머니』, 삼중당, 1984년

_____,『구름의 서정』, 박영사, 1958년

_____,『보랏빛 소묘』, 신흥출판사, 1958년.

_____, 김춘수, 문덕수, 정한모,『文學槪論』, 문명사, 1969년

이 탄,『박목월』, 건국대출판부, 1977년

이남호, 『박목월 시선집(해설)』, 민음사, 2003년

박두진, 『시인의 고향』, 범조사, 1958년

_____, 『시와 사랑』, 신흥출판사, 1960년

_____, 『현대 시의 이해와 체험』, 일조각, 1976년

_____, 『박두진 시 전집』, 홍성사, 2017년

김동리, 『문학과 인간』, 민음사, 1997년 (※이 책은 1952년 청춘
        사에서 『문학과 인간』으로 나왔던 책을 재간행한 것이
        다.)

신익호, 『기독교와 한국 현대시』, 한남대학교 출판부, 1988넌.

정경은, 『박두진 박목월 김현승의 기독교 시 연구』, 한국학술정
        보, 2008년

박동규, 『아버지와 아들』, 대산출판사, 2007년

박현수, 『박목월』(새미작가론총서14), 새미, 2002년

李孝德 저, 박성관 역, 『표상공간의 근대』, 소명출판, 2002년

강영조, 『풍경에 다가서기』, 효형출판, 2003년

김용직, 『해방기 한국시문학사』, 민음사, 1989년

_____, 『한국시와 시단의 형성 전개사: 해방직후 1945~1950』,
        푸른사상, 2009년

_____ 외, 『한국현대시사연구』, 일지사, 1996년

_____, 『한국현대시사2』, 한국문연, 1996년

오세영 외, 『한국현대시사』, 민음사, 2007년

_____, 『한국현대시인연구』, 도서출판 월인, 2003년

_____, 『현대시와 실천비평』, 이우출판사, 1983년

서정주, 『한국의 현대시』, 일지사, 1969년

유종호, 『한국근현대시사: 1920~1945』, 민음사, 2001년

_____, 『시와 말과 사회사』, 서정시학, 2009년

이혜원, 『현대시의 윤리와 생명의식』, 소명출판, 2015년

강영조, 『풍경에 다가서기』, 효형출판, 2003년

김덕균, 『한국 기독교를 빛낸 사람들』, 다른생각, 2016년

_____, 『근현대사 속 겨레의 효자들』, 다른생각, 2020년

_____, 『동아시아 효문화 이해』, 도서출판 시아북, 2021년

한양대학교 편, 『박목월문학연구』, 민족문화사, 1983년

한광구, 『목월시의 시간과 공간』, 시와 시학사, 1993년

김윤식, 『韓國現代詩論批判』, 일지사, 1975년

김윤식, 『韓國現代文學史 -1945~1975』, 일지사, 1979년

신용협, 『現代韓國詩硏究』, 국학자료원, 1994년

이형기 편저, 『자하산 청노루』, 문학세계사, 1989년

김재홍, 『詩와 眞實』, 이우출판사, 1984년

_____, 『한국현대시인연구』, 일지사, 1986년

김종길, 『시론』, 탐구당, 1965년

_____, 『시에 대하여』, 민음사, 1986년

김준오, 『시론』, 삼지원, 1982년

김형필, 『박목월 시연구』, 이우출판사, 1983년

신경림, 『한국 현대시의 이해』, 진문출판사, 1982년

이승훈, 『한국 현대시 작품론』, 문장사, 1981년

정한모, 『韓國 現代詩의 현장』, 박영사, 1983년

신채호,『단재 신채호 전집』, 형설출판사, 1979년

송민호,『일제하의 문화운동사』, 민중서관, 1970년

김동석,『예술과 생활』, 박문출판사, 1947년

○ 연구논문

김시우,「성경적 효의 체계론적 연구」, 성산효대학원대학교 박사
　　　논문, 2006년

박희원.「『소학』의 효행 분석을 통한 '효행코칭' 모형에 관한 연
　　　구」, 성산효대학원대학교 박사논문, 2013년

_____,「통합적 관점에서의 하모니 HYO 소고」, 한국효학회,『효
　　　학연구』제30집, 2019년

_____,「성경에 나타난 부모·어른·스승공경의 고찰」, 성산효대
　　　학원대학교 성산학술연구원,『성산논총』제20집, 2019년

곽종형,「자연사랑 환경보호」, 성산효대학원대학교 성산학술연
　　　구원,『성산논총』제20집, 2019년

_____,「효교육을 통한 다문화가정교육 방향 모색」, 수덕문화
　　　사,『韓國思想과 文化』제77집, 2015년

_____,「효사상의 현대적 이해」, 수덕문화사,『韓國思想과 文
　　　化』제63집, 2012년

김남권,「참군인 채명신의 리더십과 효충사상연구」, 성산효대학

원대학교 박사논문, 2017년

조규찬, 「박목월 시에 나타난 기독교적 상상력 연구」, 문예시학회, 『문예시학』23권, 2010년 12월

김은정, 「시 속에 구현된 신과의 만남 - 박목월론」, 문예시학회, 『문예시학』13권, 2000년 11월

허영자, 「박목월 시에 나타난 가족의 의미 - '어머니' 시를 중심으로」, 한국국어교육학회, 『새국어교육』65권, 2003년

최승호, 「『청록집』 시의 풍경 연구」, 한국현대문예비평학회, 『한국문예비평연구』41권, 2013년

곽효환, 「『청록집』의 일제 식민지말 현실인식 연구」, 한국문학연구학회, 『현대문학의 연구』60권, 2016년, 10월

김진희, 「『청록집』에 나타난 '자연'과 정전화 과정 연구」, 한국근대문학회, 『한국근대문학연구』18, 2008년

심재휘, 「『청록집』의 공간 상상력」, 민족어문학회, 『어문논집』65, 2012년

권혁운, 「박목월 초기 시에 나타난 여백의 의미와 기능」, 민족어문학회, 『어문논집』78권, 2016년

김종태, 「박목월 시에 나타난 고뇌와 죽음」, 한국현대문예비평학회, 『한국문예비평연구』58권, 2018년 6월

황인교, 「박목월의 신앙시」, 대한기독교서회, 『기독교사상』36호, 1992년

금동철, 「박목월 시에 나타난 기독교적 자연관 연구」, 우리말글학회, 『우리말글』, 2004년

_____,「박두진 초기 시에 나타난 자아의 존재방식」, 아세아연합신학대학교 신학연구소, 『ACTS 신학저널』 27권, 2016년

_____,「박두진 시에 나타난 '예수 그리스도'像 연구」, 아세아연합신학대학교 신학연구소, 『ACTS 신학과 선교』 13권, 2013년

최석화,「『청록집』과『산도화』에 나타나는 박목월의 '자연'에 대한 인식 변화」, 중앙어문학회, 『어문론집』 제68집, 2016년

김대행,「박두진의 '해' - 간절함과 읊조림」, 국학자료원, 『한국현대시 대표작품 연구』, 1998년

구명숙,「박목월의 '청노루' - 동경과 환상의 이상향」, 국학자료원,『한국현대시 대표작품 연구』, 1998년

신익호,「박두진의 '묘지송' - 어두운 현실극복을 위한 메시아적 이상향 추구」, 국학자료원,『한국현대시 대표작품 연구』, 1998년

유성호,「존재 차원의 자연을 통한 윤리적 투시 - 박두진의 시적 형이상학」, 한국문학연구학회,『현대문학의 연구』 60권, 2016년

한광구,「박두진의 시 '해'의 구조분석」, 한양대 동아시아문화연구소,『동아시아문화연구』 15권, 1989년

_____,「兮山 朴斗鎭 詩의 시간과 공간 - 시집「해」「午禱」를 중심으로」, 한양대 동아시아문화연구소,『동아시아문화연구』 23권, 1993년

김익규, 「기독교 세계관으로 본 박두진 시」, 한국기독교어문학
　　　회, 『기독교와 어문학』 2권 1호, 2005년 6월

백승란, 「박두진 초기 시에 나타난 기독교적 상징」, 충남대 인문
　　　과학연구소, 『인문학연구』 34권 3호, 2007년

성금란, 「박목월 시에 나타난 가족의식 연구」 조선대학교대학원
　　　석사논문, 2016년.

송기헌, 「한국시학연구」 제45호, 2016년 2월

황경주, 「시의 기독교 상징성에 대한 연구」 대구대학교교육대학
　　　원 석사논문, 2010년

최영주, 「동시의 성장시 연구」 중앙대학교예술대학원 석사논문,
　　　2010년

이성경, 「박두진 시의 상징성 연구」 전북대학교대학원 석사논문,
　　　2012년

김꽃님, 「박두진의 기독교 시 연구」 한남대학교교육대학원 석사
　　　논문, 2009년

앵정관, 「박두진 시」 서강대학교대학원 석사논문, 1998년